GUIDES BLEUS ILLUSTRÉS

ROUEN

HACHETTE

ROUEN

Ce guide a été rédigé par
M. Robert Doré.

les guides bleus illustrés

directeur: marcel monmarché

ROUEN

La Grosse Horloge.

librairie hachette

79, bd saint-germain, paris.

1930

N. B. — Consulter les **Renseignements pratiques** *à la fin du volume (p. 70).*

Le plan de Rouen (p. 70) est divisé en carrés, repérés en marge par une lettre dans le sens vertical et par un chiffre dans le sens horizontal. Cette lettre et ce chiffre, reproduits dans le texte à la suite du nom d'un monument, permettent de le retrouver immédiatement sur le plan; en suivant verticalement la colonne indiquée par la lettre et horizontalement celle indiquée par le chiffre, on trouvera, à l'intersection, le carré dans lequel il est situé.

L'astérisque (*) désigne dans le texte les monuments, œuvres d'art, sites ou curiosités les plus remarquables.

Cl. Messageries Hachette

Rouen : la Grosse Horloge.

ROUEN

Situation. — Aspect général.

ROUEN, ville de 122,898 hab., une des principales de France, ancienne capitale de la Normandie, est le ch.-l. du département de la Seine-Inférieure, le siège d'un archevêché et le quartier général du 3e corps d'armée.

La ville proprement dite, avec tous ses monuments, est située sur la rive droite et à l'extrémité d'un grand méandre de la Seine, encerclée de collines verdoyantes qu'entr'ouvrent les vallons de Robec et de Cailly et qui forment avec le grand fleuve recourbé un magnifique paysage. Sur la rive gauche du fleuve s'étend l'important faubourg de Saint-Sever, surtout industriel.

Rouen, est à la fois un grand port maritime et fluvial, qui a pris pendant et depuis la guerre un essor considérable; les ponts de Rouen sont les derniers qu'on trouve sur la Seine; bien que les sinuosités du fleuve mettent la ville à 127 k. de la mer, les navires peuvent remonter l'estuaire et atteindre ses quais en une seule marée.

Par son admirable situation, par ses églises, merveilleuse floraison gothique dont les flèches pointent de partout vers le ciel, par ses monuments civils, ses musées, ses vieilles demeures et ses maisons de bois, Rouen, la « cité gothique » par excellence, qu'on a pu appeler aussi la « Ville-Musée », est une des villes d'art les plus intéressantes d'Europe, en même temps qu'un centre industriel et commercial très actif.

Ses environs, qui sortent du cadre du présent Guide, en font aussi un centre de tourisme de premier ordre : ils offrent de somptueuses forêts et des monuments magnifiques; par dessus tout, la descente de la Seine en bateau jusqu'au Havre est une des excursions les plus fameuses de l'Europe, à laquelle on ne peut comparer que la descente du Rhône et celle du Rhin.

***

Histoire.

Dès l'époque gauloise, Rouen, appelé par les indigènes *Ratumagos*, par les Romains *Rotomagus*, était la capitale des Véliocasses ou habitants du Vexin. Les Romains y établirent une garnison et un préfet militaire. St Mellon fut, vers 260, l'apôtre et le premier évêque de Rouen. Parmi ses successeurs, il faut citer : l'évêque Prétextat, assassiné au pied des autels par ordre de Frédégonde, pour avoir célébré le mariage du prince Mérovée avec Brunehaut (585); St Romain († 638), patron de Rouen, célèbre par sa lutte contre le paganisme et par le « miracle de la Gargouille »; St Ouen, l'ami d'Ebroïn.

Les pirates scandinaves, dits Northmans (hommes du Nord) puis Normands, conduits par Oger le Danois, remontèrent la Seine jusqu'à Rouen en 841, et, le 14 mai, livrèrent la ville au pillage. En 876, une nouvelle invasion eut lieu sous la conduite du célèbre Rollon, qui établit à Rouen le centre de ses courses guerrières. Charles le Simple, impuissant à le réduire, lui céda en 911, par le traité de Saint-Clair-sur-Epte, la région qui prit désormais le nom de Normandie. Rollon, baptisé à Rouen, et devenu gendre du roi de France, fut dès lors le bienfaiteur du pays dont il avait été le fléau. Cet événement a été célébré à Rouen, en 1911, sous le nom de Millénaire de la Normandie.

Les ducs de Normandie ne tardèrent pas à entrer en lutte avec leur suzerain. Guillaume le Conquérant avait conquis l'Angleterre en 1066. Les rois de France, pour sauver l'unité nationale, eurent dès lors à lutter contre des princes qui étaient à la fois leurs égaux comme rois d'Angleterre et leurs sujets comme vassaux français; il fallait ou que le roi d'Angleterre réunît les deux couronnes ou que le roi de France arrachât à une dynastie devenue étrangère les possessions héréditaires qu'elle voulait conserver en France. Pour Rouen, la lutte ne devait finir qu'en 1449. En 1193, Philippe Auguste vint assiéger la ville. Il échoua, mais pour réussir en 1204.

Une commune fut constituée à Rouen dès la première moitié du XIIe s.; elle fut confirmée en 1144; sa charte municipale ou *Etablissement de Rouen* fut copiée par les autres villes normandes et par les villes avec lesquelles Rouen entretenait des rapports commerciaux assidus : Angoulême, Bayonne, Cognac, Saint-Jean-d'Angely, Niort, Poitiers, la Rochelle, Saintes et Tours.

Dès le XIVe s. les armateurs rouennais commerçaient avec les villes hanséatiques et avec les côtes d'Afrique; la marine royale avait à Rouen son principal arsenal : *le clos des galées.*

Puis ce furent les désastres de la guerre de Cent Ans. En 1419, après sept mois de blocus, Rouen dut capituler. On avait vainement jeté hors de la ville 12,000 bouches inutiles, vieillards, femmes et enfants, qui moururent de faim entre les remparts et le camp ennemi.

Cependant le sentiment national s'était réveillé en France et bientôt Jeanne d'Arc allait « bouter l'étranger hors de France ». L'héroïne, après s'être jetée dans Compiègne assiégé, fut prise, le 23 mai 1430, dans une sortie, par le bâtard de Wandonne qui la vendit à Jean de Luxembourg, à qui les Anglais la payèrent à leur tour 10,000 livres. Elle fut amenée à Rouen et emprisonnée dans une des tours du château (p. 29). Son procès fut instruit par l'infâme Cauchon et on lui fit signer, par fourberie, une rétractation dont elle ignorait le contenu. Elle fut condamnée à la prison perpétuelle. Mais les ennemis voulaient sa mort. Un de ses geôliers lui ôta pendant son sommeil ses habits de femme et elle fut contrainte de revêtir ses habits d'homme auxquels elle avait promis de renoncer. Les juges la condamnèrent, comme relapse, à être brûlée vive.

L'exécution eut lieu aussitôt, le 30 mai 1431. Sur une charrette escortée de 800 soldats anglais, elle fut conduite à la place du Vieux-Marché (p. 16). Le bûcher y avait été dressé, ainsi que deux tribunes, l'une pour l'évêque Cauchon et pour les juges ecclésiastiques, l'autre pour le bailli et les juges séculiers. Une telle émotion étreignait les assistants tandis qu'elle priait et serrait contre sa poitrine la croix de l'église Saint-Sauveur, qu'on lui avait apportée, que les Anglais la firent saisir par des hommes d'armes et traîner au bourreau. Alors elle pâlit, se troubla et ne put s'empêcher de s'écrier : « O Rouen, tu seras donc ma dernière demeure! » Bientôt les flammes l'enveloppèrent, et elle mourut en invoquant ses saintes.

L'année d'après, le maréchal de Boussac tenta en vain de reprendre Rouen. Ce ne fut qu'en 1449 que la capitale de la Normandie, défendue par Talbot, investie par Dunois, livrée par sa population elle-même qui avait pris les armes contre les Anglais, fit enfin retour au roi de France. Le 10 novembre, Charles VII y faisait son entrée triomphale.

En 1499, le roi Louis XII réorganisait à Rouen la Cour judiciaire de l'Échiquier de Normandie et faisait construire pour elle le magnifique monument qui est devenu le palais de justice actuel.

Pendant les guerres de religion, dans la nuit du 15 au 16 avril 1562, les huguenots s'emparèrent de Rouen qui resta six mois en leur pouvoir. Le 26 octobre suivant, l'armée catholique et royale reprit la ville. Les représailles furent sanglantes et de nombreux protestants furent encore massacrés lors de la Saint-Barthélemy.

Au XIXe s., Rouen dut subir l'occupation allemande du 5 décembre 1870 au 22 juillet 1871.

Pendant la guerre de 1914-1918, Rouen resta en dehors de l'avance extrême des Allemands, qui essayèrent en vain de faire sauter le pont d'Oissel, L'agglomération rouennaise devint bientôt l'un des plus grands centres de concentration des troupes anglaises qui installèrent dans la banlieue d'immenses camps remarquablement organisés.

Hommes célèbres. — Rouen a donné le jour à de nombreux personnages connus ou célèbres. Nous citerons parmi eux : ÉCRIVAINS ET ARTISTES, le grand *Corneille* (1606-1684); son frère *Thomas Corneille* (1625-1709); le poète *Pradon* (1632-1698), rival malheureux de Racine; *la Champmeslé* (1644-1698), actrice célèbre, interprète de Racine; l'érudit *Le Pesant de Bois-Guillebert* (†1714); *Fontenelle*, qui devint centenaire (1657-1757); le ournaliste *Armand Carrel* (1800-1836); l'acteur *Bocage* (1801-1843); *Gustave Flaubert* (1821-1880); — PEINTRES : *Jean Letellier* (1614-1676), neveu de Poussin; *Jean Jouvenet* (1647-1717); *Jean Restout* (1692-1768); *Géricault* (1790-1824); *Court* (1798-1865); *Cauchois* (1852-1911); — ARCHITECTE : *J.-François Blondel* (1705-1774), qui eut une grande influence sur l'architecture française de la seconde moitié du XVIIIe s.; — MUSICIENS : *Boïeldieu* (1775-1834); *Ch.-F. Lenepveu* (1840-1910); — SAVANTS : le botaniste et médecin de Louis XIII, *Gui de la Brosse* (†1641), qui créa le Jardin des Plantes de Paris; le voyageur *R. Cavelier de la Salle* († 1687), qui reconnut le Mississipi et donna à la France la Louisiane; le chimiste *Dulong* († 1838); le naturaliste *Pouchet* († 1873); le général *Garcin* (1834-1915), etc.

Rouen, ville d'art. — Rouen est la grande ville de France qui a le mieux conservé l'aspect du moyen âge; il y a cent ans, c'était encore une cité purement médiévale; c'est que le Normand est naturellement conservateur et économe de ses deniers et que, malgré leur prospérité, les bourgeois rouennais attendent la ruine de leurs demeures plutôt que de les rebâtir par pure magnificence. Pour la même raison, ils se sont bien gardés de toucher à leurs églises gothiques si belles et si bien bâties : d'où la rareté des constructions de la Renaissance et de l'époque classique. Cependant, les édifices de ces deux dernières époques ne le cèdent guère aux gothiques, tant le Normand a naturellement le goût du beau, du grand et du fini. Les grandes percées faites à travers la ville vieille, au siècle dernier, ont entraîné nombre de destructions regrettables; cependant, des rues entières sont encore composées de maisons en pans de bois et à encorbellements : la plupart ne datent d'ailleurs que du XVIe ou même du XVIIe s., mais les habitudes conservatrices des Normands font qu'elles ne diffèrent que par de menus détails de celles du moyen âge. Si de plusieurs des plus belles il ne nous reste plus que des fragments déposés au Musée d'archéologie, d'autres ont été conservées avec beaucoup de goût, les Rouennais ayant toujours aimé les vieilles choses. Bien qu'il soit inévitable et naturel qu'aujourd'hui comme autrefois chaque époque apporte sa contribution architecturale et décorative, il faut avouer que le XIXe s. n'a pas embelli Rouen et que les devantures « style Exposition des Arts Décoratifs », dont les commerçants ornent aujourd'hui leurs magasins, se marient assez mal avec ces vieilles demeures. Au point de vue économique, on doit aussi se féliciter de la prospérité croissante du port et de l'industrie de Rouen, tout en constatant que les rives charmantes de la Seine et les riants vallons de Maromme et de Darnétal, sont devenus une banlieue usinière, où domine la brique noircie et dont l'aspect est assez maussade.

***

La vie à Rouen.

Climat. — Rouen, qui n'est qu'à 75 k. à vol d'oiseau de la Manche, jouit d'un climat maritime très régulier, toutefois un peu moins doux que celui des côtes de l'Atlantique. Les influences continentales qui, à Paris, l'emportent souvent sur les influences marines, ne se font guère sentir dans la capitale de la Normandie. L'inconvénient du climat rouennais est d'être très pluvieux et il y a, à ce propos, un dicton populaire bien connu qui est exact, du moins pour trois des saisons de l'année. L'été, à Rouen, est souvent magnifique, mais c'est surtout dans la campagne normande qu'on l'appréciera : un ciel d'un bleu léger chargé de beaux nuages blancs toujours courants, quelques averses font que la végétation conserve habituellement jusqu'à l'automne une fraîcheur incomparable. S'il s'agit, comme c'est ici le cas, de visiter la ville proprement dite, la douceur du climat fait qu'on peut, en somme, y venir en toute saison, même en plein hiver : toute la question est de ne pas tomber dans une période de pluie : tout l'inconvénient réside dans la brièveté des jours. Un bon théâtre et d'autres spectacles permettent d'ailleurs au voyageur d'occuper ses soirées.

Industrie et commerce. — La principale industrie de la région de Rouen est celle de la *filature* et du *tissage du coton*. Plus d'un million de broches (on dénomme ainsi de petites bobines qui, tournant avec une rapidité de 10,000 tours à la minute, tordent les fibres du coton et en font le fil) fonctionnent soit dans ses murs, soit dans les communes suburbaines. On estime que, chaque année, plus de 30 millions de kilog. de coton brut sont convertis en tissus divers par 13,000 métiers mécaniques. Parmi ces tissus, une des spécialités de Rouen est celle des indiennes, étoffes à bon marché, pour vêtements, tentures, foulards et cravates. La fabrication annuelle des indiennes est d'environ 100,000 pièces de 90 à 95 mètres. On dénomme rouenneries les cotonnades brochées, les calicots et toiles de coton, les croisés et coutils, les mouchoirs. L'industrie de la filature et du coton se double d'une foule d'industries complémentaires : usines d'apprêt, de blanchiment, d'impression, de teinture.

Enfin, parmi les autres industries florissantes à Rouen ou dans sa banlieue, il faut citer les *filatures de lin, de chanvre et de jute*, les fabriques de *tissus élastiques*, la *confection des vêtements*, *le raffinage des pétroles*, la *métallurgie*, qui prend un énorme développement, et la fabrication des *produits chimiques*, des *savons* et des *matières colorantes*.

Pour le port (maritime et fluvial), p. 35.

FOIRE DE SAINT-ROMAIN. — La grande foire de Rouen et la plus célèbre est la *foire de Saint-Romain* : vente de chevaux, du 19 au 23 octobre; vente des bestiaux, le 23 octobre; vente de toutes sortes de marchandises et fête foraine, pendant 20 jours, à partir du 23 octobre.

Le port. — Le port de Rouen est situé à 127 k. du Havre; les navires, par leurs propres moyens ou à l'aide de remorqueurs, peuvent arriver à Rouen, en une seule marée. Il s'étend sur 17 k. de longueur depuis la Bouille jusqu'au pont Boïeldieu. Il couvre 80 hectares et, en plus des quais du fleuve, comprend le bassin aux bois, le bassin aux pétroles et les bassins Saint-Gervais; à Petit-Couronne est le bassin des docks pour la réparation des navires (2 docks de 8,000 tonnes, 2 docks de 4,200 tonnes, 1 dock de 2,500 tonnes). 100 k. de voies ferrées desservent 800,000 m^2 de terre-pleins et 27,000 m^2 de hangars. Le port possède 110 postes de déchargement, 165 grues, 12 ponts transbordeurs, 83 pontons grues, 1 grue flottante de 20 tonnes, 1 de 60 tonnes.

Des travaux considérables sont en cours ou en projet : approfondissement de la Seine donnant partout un mouillage de 8 m.; gare de triage auprès des nouveaux bassins de Saint-Gervais; construction de quais jusqu'à Croisset; creusement d'un nouveau bassin à Petit-Couronne.

Le port de Rouen a pris une extension considérable à la fin de la Grande Guerre, surtout pour le ravitaillement de Paris et l'importation du charbon. Il a alors dépassé le port de Marseille, prenant la tête des ports de France; en 1919, le total des marchandises embarquées et débarquées a atteint 8,238,000 tonnes contre 5,328,000 tonnes pour Marseille. Depuis, Marseille a repris le premier rang, mais Rouen a gardé le second avec 6,900,000 tonnes en 1928, contre 8,830,000 tonnes à Marseille. En 1929, Rouen est revenu au premier rang avec 9,486,000 tonnes contre 9,151,000 tonnes à Marseille. Un peu plus de la moitié de ce tonnage consiste en charbon; par ailleurs, Rouen importe surtout, des bois du nord, des pâtes à papier, des céréales, des pétroles, des vins d'Algérie, des phosphates et des minerais. Il est à noter que le tonnage exporté n'atteint pas le dixième du tonnage importé.

Gastronomie. — Rouen est une des villes de France où l'on mange le mieux : cuisine raffinée dans les restaurants de premier ordre, cuisine simple mais saine et abondante dans les établissements moyens. En fait de spécialités, il n'y a guère que le canard à la rouennaise; la « sole normande » et les poissons préparés « à la dieppoise » sont parfaitement réussis sans être d'origine purement locale. D'une façon générale, la cuisine normande, où le beurre et la crême jouent un grand rôle, paraîtra un peu fade aux amateurs de préparations méridionales; mais elle doit son excellence à la qualité et à la fraîcheur des produits du terroir : est-il besoin de faire l'éloge du lait, du beurre, des légumes, de la basse-cour et du bétail normands? Aux bœufs nourris dans les gras pâturages, aux moutons « de pré salé » s'ajoutent encore les ressources inépuisables de la mer apportées par les chalutiers dieppois ou les barques havraises : tout cela arrive ici une demi-journée au moins avant d'arriver dans les cuisines parisiennes et cette légère avance se traduit par une différence sensible à l'avantage des tables rouennaises. Le cidre est la boisson locale; elle accompagne à merveille le poisson, les crustacés et les légumes; c'est une boisson d'un goût très changeant suivant le dosage et la qualité des fruits (pommes et poires) qui entrent dans sa composition; il sera tantôt acide et tantôt sucré, conservant parfois comme le miel le parfum des fleurs; breuvage délicieux en été, non pas dangereux comme la bière et plus rafraîchissant que le vin. Les grands restaurants de Rouen commettent malheureusement l'erreur de ne servir que du cidre bouché qui est une mixture mousseuse fabriquée industriellement et vraiment sans aucune saveur pittoresque; ils ont heureusement d'excellents vins dans leurs caves; c'est donc dans les restaurants populaires qu'il faudra boire le cidre. Ajoutons qu'avec la pomme les cuisiniers font une « tarte normande » qui est une vraie merveille et les confiseurs de la gelée et du sucre de pomme. Enfin, chacun connaît le « calvados », eau-de-vie de cidre, comme le cidre assez inégale : les bons restaurants en ont de vieux, vraiment extraordinaires, mais pas bon marché; au hasard des auberges, dans la campagne environnante, on trouvera souvent de l'excellent calvados courant.

Bibliographie sommaire. — Histoire : — A. LEFORT, *Histoire de Rouen*, 1824. Archéologie : — *Congrès archéologique de France*, 1927.

Monographies : — Camille ENLART, *Rouen*, 1921. — Armand LOISEL, *La Cathédrale de Rouen*, s. d. — F. GUEY et Marie-Juliette BALLOT, *Le Musée céramique de Rouen* (Beaux-Arts, 1926). — R. QUENEDEY, *L'Habitation rouennaise*, 1926. — Georges RITTER, *les Vitraux de la cathédrale de Rouen*, 1926. — Georges DUBOSC, *Rouen d'hier et d'aujourd'hui*, 1908; *A travers Rouen ancien et moderne*, 1920. — Mgr FUZET et JOUEN, *Le Manoir archiépiscopal de Rouen*, 1910. — Armand LOISEL, *La Crypte de Saint-Gervais*, s. d. — Julien LOTH, *Saint-Maclou de Rouen*, 1913. — Marcel NICOLLE, *Le Musée de Rouen*, 1920. — J. VERNIER, *Musée des antiquités de la Seine-Inférieure*, 1923.

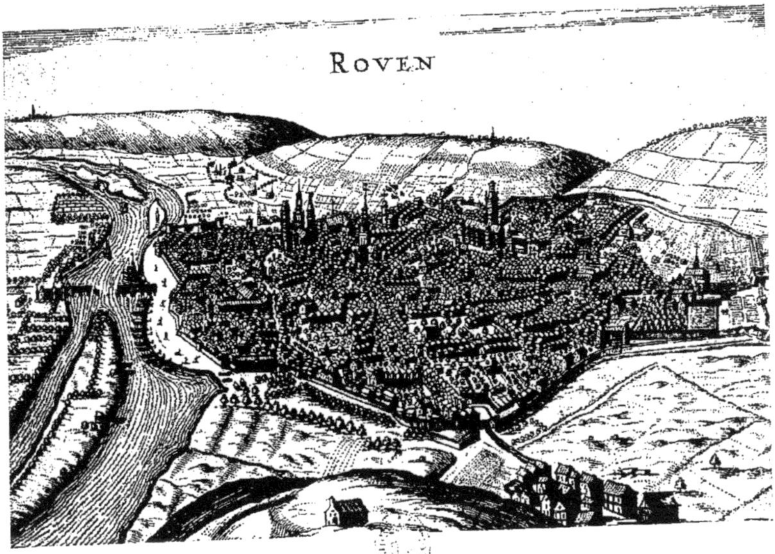

ROVEN

VUE GÉNÉRALE DE ROUEN
d'après une gravure de l'*Itinerarium Galliæ* (1635).

Pl. 2

LA VILLE

Des gares au centre de la ville. — En sortant de la gare Rive-Droite (État), on trouve à dr. la station du tram qui, après avoir suivi la courte rue Verte, débouche dans la rue Jeanne-d'Arc, belle percée rectiligne, longue de 800 m., qui descend vers la Seine; à l'extrémité de la rue, le tram tourne à g. sur le quai de la Bourse : descendre à hauteur du pont Boïeldieu, le premier rencontré. — La gare Rive-gauche (Orléans) donne sur la place Carnot et sur le pont Boïeldieu qu'on traverse pour rejoindre le quai de la Bourse. — De la gare du Nord, on prend le tram qui suit à g. le boulevard Gambetta : on aboutit sur le quai de Paris qu'on suit jusqu'au pont Boïeldieu, le second rencontré.

Orientation. Itinéraire abrégé pour une visite rapide. — Les principales curiosités de Rouen sont groupées dans un quadrilatère dont la Grosse-Horloge occupe à peu près le centre et qui est délimité par les quais, le boulevard des Belges, la rue Thiers et la rue de la République. Le voyageur qui ne dispose que d'une demi-journée pourra visiter sommairement cette partie de la ville en abrégeant comme suit l'itinéraire ci-après.

Descendre les quais jusqu'à la rue de la Vicomté que l'on remonte : c'est une des rues de Rouen qui ont le moins changé depuis le moyen âge : la remonter et visiter au passage l'église Saint-Vincent (p. 51). La quitter un peu plus haut pour traverser à g. la place de la Pucelle sur laquelle s'élève l'Hôtel du Bourgthéroulde (p. 15). Laissant l'hôtel à g., on débouche sur la place du Vieux-Marché (p. 16). Quitter la place par la rue de la Grosse-Horloge qui traverse la rue Jeanne-d'Arc et passe sous la Grosse-Horloge (p. 21). Au delà de la Grosse-Horloge, la courte rue Thouret, à g., conduit au palais de Justice (p. 18). Revenir sur ses pas et achever de parcourir la rue de la Grosse-Horloge au bout de laquelle s'élève la cathédrale (p. 38). Sortir de la cathédrale par le portail S. et prendre en face la rue de l'Épicerie, non moins remarquable par ses vieilles maisons que la rue de la Vicomté : traverser les anciennes halles : on débouche dans la rue dr. de la République qu'on remonte. Arrivé à hauteur de la cathédrale, on aperçoit, à deux pas à dr., l'église Saint-Maclou (p. 49). Sortant de Saint-Maclou par la façade, on prend à dr. la pittoresque rue Damiette; suivre tout droit jusqu'au jardin de l'église Saint-Ouen (p. 47) où l'on entre par la façade.

Vues d'ensemble et panoramas. — Du pont Boïeldieu on a sur les quais et l'aval du fleuve une vue très intéressante. Du pont transbordeur et surtout de la flèche de la cathédrale, on a sur l'ensemble de la ville des vues plongeantes magnifiques, mais ces deux ascensions ne sont pas faites pour les personnes sujettes au vertige. Celle du beffroi, situé près de la Grosse-Horloge, est au contraire facile et encore très belle parce qu'on se trouve exactement au centre de la vieille ville et vis-à-vis la façade de la cathédrale. En dehors de la ville, la colline de Bonsecours, au S.-E. offre une vue célèbre sur le site entier de Rouen; on y accède facilement en tram; pour avoir le meilleur éclairage, il faut y aller le matin. La colline de Canteleu, à 6 k. E. (pas de tram) offre une vue d'ensemble encore plus belle : y aller l'après-midi et, en été, à la fin de l'après-midi.

* * *

La vieille ville.

Rouen n'a pas, comme beaucoup d'autres grandes villes, une vaste place, une grande rue ou un cours qui soit le rendez-vous général des promeneurs. La place Verdrel, la place de l'Hôtel-de-Ville, la place Notre-Dame sont autant de carrefours très fréquentés.

Cependant les étrangers se plaisent avec raison sur le **cours Boïeldieu** (deux grands cafés), élargissement du quai de la Bourse (Pl. B3), d'où l'on a un beau dégagement sur le fleuve et d'où l'on peut contempler l'animation du port maritime et du port fluvial dont c'est ici la jonction (*V.* p. 35). On trouve sur le cours Boïeldieu et, en amont, sur le quai de Paris, plusieurs hôtels où l'on pourra avoir des chambres offrant une vue magnifique. C'est d'ailleurs sur le pont Boïeldieu que se croisent les diverses routes nationales passant par Rouen.

Suivant donc le quai de la Bourse vers l'aval et dépassant la rue Jeanne-d'Arc, on prendra à dr. la *rue de la Vicomté*, une des plus pittoresques de Rouen : nombreuses maisons du XVIIe s. en pans de bois. Après avoir traversé la rue des Charrettes, on voit s'élever à dr. l'**église Saint-Vincent** (p. 51). Plus loin, à l'angle de la rue aux Ours, maison du XVe s.

Suivant la rue aux Ours sur une cinquantaine de mètres, on débouche sur la rue Jeanne d'Arc devant la **tour Saint-André**, haute de 32 m., de style gothique, bâtie de 1452 à 1546 par Robert Frenelles, reste de l'ancienne église de Saint-André-aux-Febvres. Elle est entourée d'un petit square où a été remontée la ravissante **façade* entièrement en bois, montants et panneaux, d'une maison de la Renaissance, dite sans raison de Diane de Poitiers.

Rebrousser chemin et reprendre la rue de la Vicomté.

On voit s'ouvrir à gauche la *place de la Pucelle* où l'on voulut voir pendant longtemps l'emplacement du bûcher de Jeanne d'Arc.

La *fontaine de la Pucelle* (1755) se compose d'un piédestal triangulaire né de dauphins supportant une statue, dans le goût du temps, de Jeanne d'Arc par P.-A. Slotdz.

L'* **hôtel de Bourgtheroulde,** sur la place de la Pucelle, n° 15, fut commencé en 1501 par Guillaume Le Roux, seigneur du Bourgtheroulde, et terminé par ses fils en 1547. Une banque l'occupe auj. Il est précédé d'un joli pavillon d'entrée, orné de panneaux armoriés, entièrement restauré en 1885.

La *cour intérieure*, où on peut entrer, est remarquable. Le bâtiment principal a deux étages surmontés de grandes lucarnes à pinacles gothiques, en dessous desquelles sont des bas-reliefs. Sur les murs se voit la salamandre de François Ier. Une *tourelle*, à pans coupés avec un superbe épi de faîtage en plomb, figurant une touffe de chardons, est couverte de bas-reliefs sculptés à même le mur vers 1520 : le 1er rang représente une scène de moisson et de baignade et une scène de pêche, le 2e deux pastorales, le 3e le jeu de la main chaude et la tonte de moutons. A l'intérieur, qu'on ne visite pas, plafond de bois, à pendentifs. — En retour d'angle et bordant la cour, une *galerie* accuse nettement le style Renaissance; à la frise supérieure, série de *bas-reliefs* symboliques empruntés aux triomphes de Pétrarque : 1er et 2e, détruits; 3e, Triomphe de la mort; 4e, Triomphe de la Renommée; 5e, Triomphe du Temps; 6e Triomphe de la Divinité. Au soubassement, d'autres-bas-reliefs représentent la fameuse entrevue du camp du Drap-d'Or, qui eut lieu entre François Ier et le roi d'Angleterre Henri VIII, le 7 juin 1520. Les armes d'Eléonore d'Autriche indiquent que cette galerie ne fut exécutée qu'après le mariage de cette princesse avec François Ier, en 1530.

Une petite rue à g. de l'hôtel de Bourgtheroulde conduit à l'ancienne **église Saint-Eloi,** gothique du XVIe s., occupée par le temple protestant (s'adresser au sacristain qui est logé dans le flanc. S. du chœur); bel orgue et un autel de marbre du XVIIIe s. Près d'une porte, au côté S., on lit sur un tombeau de XVIe s. : ICI GIT UN CORPS SANS AME PRIEZ DIEU QU'IL EN AIT L'AME. Près du chevet, sur la petite place Saint-Éloi, jolie façade Louis XV. — Rue Saint-Éloi, no 30, ancien *hôtel des Monnaies*, du XVIe s., délabré.

Traversant la place de la Pucelle, on débouche sur la **place du Vieux-Marché,** élargie en 1860, où Jeanne d'Arc fut brûlée le 30 mai 1431 (p. 7). Une mosaïque encastrée dans le trottoir, à l'angle O. du pavillon S. des halles, indique l'emplacement exact du bûcher. Sur l'initiative de la population et de la municipalité, afin de rendre cette place plus digne du grand souvenir qui s'attache à elle, l'extrémité du pavillon a été masquée par une jolie façade dans le style normand du XVe s., et au

Hôtel de Bourgtheroulde.

Maison de Diane de Poitiers.

Clichés Messageries Hachette

Palais de Justice.

milieu de cette façade a été placée (1928) la belle Jeanne d'Arc au bûcher, statue de pierre, par Maxime Real del Sarte. En avant, dans le pavage, est figuré l'emplacement de l'église Saint-Sauveur qui bordait jadis la place et au chevet de laquelle le bûcher avait été disposé. Enfin, une chapelle sera élevée en cet endroit.

Sur le côté S. de la place s'élève le *Théâtre Français*, ancien Jeu de Paume, bâti en 1793. A côté, l'hôtel de la Couronne occupe une maison en bois moderne.

1° De la place du Vieux-Marché, en suivant la rue de la Pie, on trouverait la *maison natale de Pierre Corneille*, dont la façade a été restituée d'après les documents anciens par l'architecte Georges Ruel. On doit remettre en place l'ancienne porte, actuellement conservée au Musée archéologique. On y a installé un musée cornélien (visible le dim. de 14 h. à 16 h., les autres jours, le lundi excepté, de 9 h. à 12 h. et de 14 h. à 16 h.) : belle collection de livres et estampes se rapportant à Pierre Corneille, à son frère Thomas et à leur famille, formée par le bibliophile rouennais Édouard Pelay. — La rue de la Pie aboutit à la *préfecture*, édifiée au XIXe s. sur une partie de l'ancien couvent des Jacobins.

2° De la place du Vieux-Marché, la rue de Crosne (plusieurs hôtels du XVIIIe s.) aboutit à l'Hôtel-Dieu, qui remonte au moyen âge mais a été rebâti par Fontaine au milieu du XVIIIe s., et dans un pavillon duquel naquit, en 1821, le romancier Gustave Flaubert (son père était médecin de l'hôpital); musée d'histoire de la médecine (s'adresser à l'économe). — Sur le flanc S. de l'Hôtel-Dieu s'élève l'**église Sainte-Madeleine,** commencée en 1767 par Vauquelin, terminée en 1761 par Le Brument; c'est une jolie production de l'architecture religieuse de ce temps : au fronton, la Charité, bas-relief de *Jadoulle*; à l'intérieur, Conversion de St Paul, par *Restout*; aux bas-côtés, 2 tableaux de *Vincent* : à dr., Guérison de l'aveugle; à g., Guérison du paralytique, ainsi qu'une grande tapisserie des Flandres du XVIe s., Ganelon trahissant Charlemagne; au chœur Apothéose de Ste Madeleine par *Pils* (1847).

3° A la place du Vieux-Marché aboutit la rue de la Prison, où se trouve, à l'angle de la rue des Bons-Enfants, la *synagogue*, installée dans l'ancienne église de Sainte-Marie-la-Petite, du XVIe s. — Dans la rue des Bons-Enfants qui conserve de nombreuses vieilles maisons intéressantes, se voit (n° 132) la *maison natale de Fontenelle* (1657). Dans cette même rue donne (2e à g. en venant de la rue de la Prison) la rue Etoupée, au n° 34 de laquelle est la *maison de la Cité de Jérusalem*, de 1580. — Enfin, dans la rue Sainte-Croix-des-Pelletiers, qui de la rue des Bons-Enfants (1re rue à dr. en venant de la rue de la Prison) ramène à la place du Vieux-Marché, l'ancienne église du même nom est convertie en magasins; une *fontaine*, de 1634, appartient encore au style Renaissance. — Des maisons du XVe s., bien conservées, se verraient encore en suivant la rue des Bons-Enfants jusqu'à la rue Jeanne-d'Arc.

4o De la place du Vieux-Marché, la rue Cauchoise conduirait à la place Cauchoise et à l'église Saint-Gervais (p. 37); au no 45 de la rue Cauchoise, maison de bois de 1631; au no 80, maison de 1600.

Prenant au S.-E. de la place du Vieux-Marché la *rue de la Grosse-Horloge* (suite de maisons anciennes), on aboutit sur la rue Jeanne d'Arc qu'on remonte à g. et dont un élargissement forme un peu plus loin la *place Verdrel*; sur cette place s'élèvent le monument aux morts de la Grande Guerre, par le sculpteur Maxime Real del Sarte, et au fond, l'aile occidentale du palais de justice, un des plus célèbres monuments de Rouen. Prendre à dr. la rue des Juifs, sur laquelle donne la façade principale.

Le ****palais de justice,** chef-d'œuvre de l'architecture gothique dans sa dernière période, avec additions et remaniements du XIXe s., se compose d'un bâtiment principal, construit de 1508 à 1509, sous Louis XII, pour l'Échiquier de Normandie, par Roger Ango et Roland Le Roux, l'auteur du grand portail de la cathédrale, et flanqué de deux ailes en retour d'équerre : l'aile g. qui renferme la salle des Pas-Perdus (*V.* ci-dessous), destinée à l'origine à servir de lieu de réunion aux marchands, date de 1499-1500, à l'exception de l'escalier d'angle, refait en 1903 par l'architecte Selmersheim; l'aile droite a été rebâtie de 1842 à 1852 par l'architecte Grégoire, à la place d'une construction du XVIIIe s. qui s'était écroulée partiellement en 1812. La partie de l'édifice qui donne sur la place Verdrel a été construite en 1880 par Lefort.

La *façade* de la cour d'honneur est justement célèbre. Longue de 66 m. elle se compose de 3 étages : un rez-de-chaussée, d'une architecture très simple renfermant, à l'origine, les prisons; un premier étage, avec de belles fenêtres à croisées de pierre; enfin, se détachant sur la pente du toit, les lucarnes soutenues d'une profusion d'arcs-boutants et de pinacles. Les 20 statues qui s'y alignent sont modernes (1840); on a figuré parmi elles Louis XII, Anne de Bretagne, Georges d'Amboise, François Ier, la Justice, etc.; on ignore ce que représentaient celles qu'elles ont remplacées. Les grandes lucarnes ont été refaites en majeure partie, ou restaurées, à la même époque. Le revers de ce bâtiment, qui donne sur la rue Saint-Lô où conduit un passage voûté, est plus simple, mais très imposant.

Entrée libre, en haut de l'escalier d'angle, dans l'ancienne salle des Procureurs, auj. ***salle des Pas-Perdus,** restaurée en 1876.

C'est un admirable vaisseau gothique de 49 m. de long, large de 16 m., couvert d'une grandiose charpente lambrissée. A chaque pignon, deux fenêtres flamboyantes à balustrade ajourée. On remarque les niches des murs, auj. vides de leurs statues, aux élégantes sculptures, et les petits volets, en chêne ajouré, des fenêtres. Ces volets ont été refaits de nos jours, sur le modèle de l'un d'eux (début du XVIe s.) qui subsiste encore. A l'extrémité est la *table de marbre*, siège de la juridiction des eaux et forêts, où Pierre Corneille fut avocat; en 1906, à l'occasion du troisième centenaire de la naissance du poète, on a placé dans la salle une inscription commémorative avec médaillon.

Pour la suite de la visite, s'adr. au concierge qui se tient dans la salle des Pas-Perdus ou dans sa loge, à l'entrée de l'aile droite (rémunération). La partie moderne de l'aile g. est occupée par le Tribunal civil. On y remarque 2 tableaux du XVIIIe s. : le Triomphe de la Justice par *Dehais*, et les Armes de France et de Navarre, par *Van Loo*.

La **salle des Séances du Parlement,** ancienne Grande Chambre du Parlement de Normandie, auj. Cour d'assises, se trouve dans le corps central de la cour d'honneur. Cette vaste salle rectangulaire, où furent tenus plusieurs « lits de justice », notamment par Louis XII, par François Ier et par Henri II, où Charles IX se déclara majeur, fut commencée en 1508 et a été restaurée en 1857-1860. Son **plafond à caissons*, qui date de Louis XII, est en chêne sculpté et doré, avec d'admirables et légers pendentifs. Les vitraux, les tentures et 2 médaillons, figurant Louis XII et Georges d'Amboise, sont modernes. Derrière le siège du président, un haut-relief moderne (1860) en pierre, de style gothique, représente le Christ en croix, entre la Vierge et St Jean. De chaque côté 2 statues; la Force et la Justice.

Le CABINET DES DÉLIBÉRATIONS de la Cour d'assises est installé dans la tourelle hexagonale de la façade (ancienne chapelle) : il a un plafond en forme de coupole et des lambris Louis XVI.

Sur le vestibule d'entrée s'ouvrent, dans la partie moderne du palais : la SALLE DES APPELS CORRECTIONNELS, avec un tableau du Jugement de Salomon, par *Mignard*; la SALLE DES AUDIENCES SOLENNELLES, avec un plafond peint par *Laugée* (la Justice invoquée) et 2 tapisseries modernes des Gobelins (la Justice et l'Indulgence, d'après Raphaël).

Autour du palais sont quelques maisons anciennes ou restes architecturaux.

Rue aux Juifs, au n° 51, plaque indiquant l'emplacement de l'*atelier de Laurent Maury*, principal éditeur de Corneille; au n° 11, maison natale du peintre *Jouvenet* (1647-1717).

Rue Saint-Lô, où donne le palais de justice, en face du passage voûté, le n° 40, siège des Sociétés Savantes, est un hôtel de 1717 : jolie cour, belle rampe d'escalier en fer forgé.

Au 40 *bis*, la Société d'émulation, la Société industrielle et la Chambre de Commerce possèdent un intéressant **musée commercial et industriel** : entrée libre de 9 à 12 h. et de 14 h à 17 h. Ce musée, réorganisé en 1925, comprend : 1° une magnifique collection d'échantillons de tissus rouennais remontant à 1850; 2° une exposition permanente des dernières productions de l'industrie et du commerce de la région; 3° une bibliothèque; 4° un office de renseignements.

Par la ruelle qui s'ouvre à côté, on aboutirait dans la *rue des Fossés Louis VIII* qui offre un ensemble infiniment curieux de petites maisons en pans de bois.

Au n° 22 de la rue Saint-Lô, vers la dr., portail (XIVe s.) de l'ancienne église Saint-Lô. — Près de la place Verdrel, rue Percière, n° 11, *maison* de la Renaissance, datée de 1531.

Revenir à la place Verdrel et descendre un instant la rue Jeanne-d'Arc : à g, s'ouvre la *rue de la Grosse-Horloge*, où l'on voit, en face de soi, l'ensemble de monuments auquel elle doit son nom. La rue de la Grosse-Horloge, si elle n'est plus comme jadis, la plus belle de Rouen par ses dimensions, n'a pas cessé d'être la plus animée en dépit de ses étroits trottoirs

La ***Grosse Horloge,** flanquée à dr. d'une tour de beffroi, est un pavillon de la Renaissance (1527) qui enjambe la rue par une arche surbaissée, et qui est surmonté d'un grand toit à lucarnes. Sur chaque face, un cadran en plomb doré, d'une riche ornementation, est encadré de deux pilastres; il n'a qu'une seule aiguille et montre les figures des jours de la semaine, ainsi que la lune et ses phases; le mouvement de l'horloge est de 1447 et a été restauré en 1893. L'intrados de l'*arcade* est richement sculpté; dans le médaillon central, des hauts-reliefs figurent le Christ en Bon Pasteur, au milieu d'un troupeau de brebis. Au sommet du toit, 3 épis portent le soleil, la lune et les armoiries de Rouen.

Le *beffroi*, gothique, construit en 1389-1390 par Jean de Bayeux, est carré avec des fenêtres à arc brisé et des contreforts; il était autrefois terminé par une flèche de plomb que remplaça, en 1711, une disgracieuse coupole.

Pour monter dans la tour (vue splendide sur la vieille ville), s adresser à la boutique de l'horloger qui détient la clef mais ne la confie pas facilement : escalier de 200 marches avec inscription rappelant la date de la construction. La tour renferme deux cloches anciennes, l'une, *la Rouvel*, ou *Rembol*, dite encore la cloche d'Argent, bien qu'il n'y entre aucune parcelle de ce métal, fondue au XIII^e^s. par Jean d'Amiens, sonna le couvre-feu à neuf heures du soir, chaque jour depuis cette époque jusqu'en 1904. Fêlée cette année-là, elle a été remplacée pour la sonnerie du couvre-feu, par sa voisine, la *Cache-Ribaud*, qui est de même date.

Enfin le beffroi abrite une horloge de fer construite en 1389 par Jean de Felains; elle passe pour la plus vieille du monde et marche encore avec une parfaite régularité.

Dans l'angle que forment le beffroi et l'arcade de la Grosse-Horloge s'élève un minuscule pavillon de la

Renaissance auquel s'adosse une *fontaine* monumentale. Elle est ornée d'un fronton sculpté en haut-relief : Alphée et Aréthuse, et encadrée de pilastres que surmontent des groupes d'enfants. Elle a été élevée en 1732, sur les plans de Jean Defrance, par les soins de François de Montmorency, duc de Luxembourg, dont elle porte les armes.

La rue qui s'ouvre à dr. avant la Grosse-Horloge rencontre la rue aux Ours où l'on voit plusieurs maisons des XVIIe et XVIIIe s.; on y voit encore : au n° 26, dans la cour et difficile à apercevoir, une tour gothique du XVIe s., reste de l'ancienne église Saint-Cande-le-Jeune; au n° 63, la maison natale de Boïeldieu, avec buste; au n° 46, la maison natale du chimiste Dulong.

En continuant de suivre la rue de la Grosse-Horloge, on voit à g., à l'angle de la rue Thouret, une partie de l'ancien *hôtel de ville*, construit en 1607 par Jacques Gabriel, bisaïeul de Jacques-Ange Gabriel le célèbre architecte de Louis XV, et divisé auj. en plusieurs habitations. C'est une belle imitation des palais florentins du XVIe s. Sur la façade de la rue Thouret, buste de Thouret député aux États généraux de 1789, par Guilloux.

Au n° 69 a été remontée, en 1930, sur un rez-de-chaussée en pierre, la magnifique **façade* gothique, en pans de bois (XVIe s.), *de l'abbaye de Saint-Amand*, auparavant remontée dans le jardin du Musée d'antiquités.

Au n° 73, en face de la rue Thouret s'ouvre le passage d'Etancourt, où l'on peut voir la cour de l'ancien hôtel du Gouvernement, charmante composition de la fin du XVIe s. : 3 côtés sont ornés de 13 grandes statues, du XVIIe s., de dieux et de déesses.

Plus loin on remarque , à dr. et à g., plusieurs maisons du XVe ou du XVIe s.; on dépasse à g. la rue du Bec, où s'arrêtaient jadis les diligences; à g., un magasin de nouveautés est installé dans une grande maison en pans de bois, intéressant pastiche moderne des maisons anciennes de la ville.

On arrive sur la *place Notre-Dame*, en face de la ** **cathédrale** (p. 38).

Sur cette place, que déshonorent d'affreuses maisons modernes, on voit, à l'angle de la rue Ampère (ou du Petit-Salut), l'ancien *Bureau des Finances*, édifié en 1505 par Roland Le Roux. Il appartient au plus charmant style de la Renaissance avec quelques détails gothiques; ses deux façades sont décorées de pilastres et d'arabesques, de médaillons, d'écussons, de niches surmontées de dais et de l'écu de France. L'installation de magasins l'a sauvagement mutilé.

De l'autre côté de la place, au n° 14 de la rue des Carmes, dans la cour, ancien *hôtel de la Chambre des Comptes*, bel édifice de la Renaissance : le bâtiment du fond date de 1525, l'aile droite de 1535-1540. Une ancienne galerie sert de passage entre la rue des Carmes et la rue Saint-Romain; à la voûte, belles clefs pendantes.

De la place Notre-Dame on prend au N. la rue Saint-Romain à l'entrée de laquelle sont de vieilles maisons infiniment pittoresques, et qui, au delà de la cour des Libraires (p. 42), longe le mur de l'archevêché. Deux plaques de marbre, sur le mur extérieur de l'ancienne chapelle de l'archevêché dont c'est le seul reste, rappellent que dans cet édifice fut tenue la dernière séance du procès de Jeanne d'Arc, brûlée vive le lendemain, et que plus tard y fut prononcée sa réhabilitation. Plus loin, au n° 28, curieuse petite *rue des Chanoines*.

La rue Saint-Romain croise ensuite la large rue de la République qui conduit à dr. aux quais de la Seine (p. 31), à g. à Saint-Ouen et à l'hôtel de ville (p. 26).

Traversant la rue de la République, on arrive devant la façade de l'* **église Saint-Maclou** (p. 49) à dr. de laquelle est une grande et belle maison en bois du XVIe s. A l'angle g. de la façade est l'ancienne fontaine Saint-Maclou, de la Renaissance, très dégradée.

Longeant le flanc N. de l'église et suivant tout droit la rue Martainville, on trouve, au n° 192, le curieux cloître de Saint-Maclou.

Le ***cloître** ou **aître de Saint-Maclou** (du latin *atrium*, cour intérieure) fut édifié de 1526 à 1533, par Denis Lesselin, à part le côté dr. en entrant qui date de 1640. C'est un des derniers exemples survivants des charniers du moyen âge. La cour centrale, où était le cimetière désaffecté en 1790, forme un rectangle de 48 m. sur 32. Elle est entourée de *galeries* en bois, soutenues par des colonnes de pierre, dont les fûts portaient des sculptures presque entièrement brisées figurant la Danse macabre; au-dessus des colonnes court une frise en bois, ornée de crânes, de tibias et de divers outils de fossoyeur. Ces galeries servaient autrefois d'abri à de petits marchands et de promenoir. On doit y installer un Musée d'art normand et la célèbre collection de céramiques du Musée des Beaux-Arts.

On revient sur ses pas : à hauteur de la façade de l'église Saint-Maclou, on prend à dr. la vieille rue Damiette : au n° 18, ancien *hôtel de Senneville* (XVIIe s.), où mourut en 1674 lord Clarendon, chancelier de Charles Ier d'Angleterre; au n° 30, ancien *hôtel d'Aligre*, du XVIIe s., avec jolie porte souvent fermée; la cour a conservé (rare) ses bornes cerclées de fer et reliées par des chaînes, sa lanterne suspendue à une potence et ses éteignoirs de torches.

La ***rue Eau-de-Robec,** qu'on prend à dr. après la rue Damiette, est une des plus curieuses de Rouen, Elle est bordée à g., en deçà et au delà de la place Saint-Vivien, par le ruisseau noirâtre du Robec, le long de vieilles maisons où l'on accède par de petits ponts et des marches. Parmi les maisons les plus anciennes, signalons : près de l'entrée à g., n° 186, une façade avec bas-reliefs de la fin du XVIe s.; à dr., n° 223, au 1er étage, sculptures de l'époque de Louis XIII; à g., n° 134, maison de 1601 avec salamandre sculptée au-dessus de la porte. Ce quartier, misérable et peu salubre, est menacé de disparition; les nécessités de l'hygiène publique ne sont pas toujours conciliables avec la conservation des vieilles choses.

Sur la place Saint-Vivien, qui coupe en deux la rue Eau-de-Robec, s'élève l'*église Saint-Vivien* (XVe s.), de style flamboyant (chevet plat et bas-côtés lambrissés), avec un clocher de pierre dont la souche remonte au XIVe s. Elle renferme un retable, en marbre du XVIIIe s., figurant l'Agonie du Christ et un joli tabernacle en cuivre de 1740 provenant, comme le retable, de l'ancienne église des Cordeliers; très beau buffet d'orgue de la fin du XVIe s.; chaire de 1734; Pieta du XVe s.; poutre de gloire de 1762.

Au S. de la place Saint-Vivien s'ouvre la rue Armand-Carrel, avec la *statue* d'Armand Carrel, par A. Lefeuvre (1887).

Sur le flanc N. de l'église, la rue Saint-Vivien conduit à la *Croix-de-Pierre* de 1515, refaite en 1871, par les architectes Barthélemy et Fulconis, sur le modèle de la fontaine ancienne, qui a été transportée dans le jardin du musée d'Antiquités. A l'angle de la place et de la rue Edouard-Adam, buste par A. Huilloux, d'Édouard Adam, inventeur de l'appareil à distiller les vins (1880). La rue Édouard-Adam conduirait à l'hospice général, fondé en 1572 par Claude Groulard, président au Parlement de Rouen : la chapelle, du XVIIe s., sorte de cloître à deux étages formé d'une colonnade dorique et d'une ionique superposées, couverte de voûtes en bois, est très originale.

De la Croix-de-Pierre, on revient par la rue Saint-Vivien qui conduit au delà de l'église Saint-Vivien, à la place de l'Hôtel-de-Ville.

Dépassant la rue Eau-de-Robec, on débouche sur la place de l'Hôtel-de-Ville.

La *place de l'Hôtel-de-Ville*, sur laquelle s'élèvent l'***église Saint-Ouen** (p. 47) et l'hôtel de ville, est ornée d'une *statue* équestre *de Napoléon Ier*, par Vital Dubray, inaugurée en 1865 : le bronze a été fondu avec des canons pris à Austerlitz; sur le piédestal, bas-relief représentant la Visite de Bonaparte à l'établissement Sévennes, au faubourg Saint-Sever, exécuté d'après un dessin d'Isabey, qui est au musée de peinture.

Sur le flanc dr. et autour de l'abside de Saint-Ouen, le *jardin de l'hôtel de ville* est l'ancien jardin de l'abbaye transformé : kiosque, concerts. Ce fut dans la partie du jardin attenant à la place que Jeanne d'Arc eut à faire une abjuration solennelle, comme le rappelle une inscription commémorative à l'entrée. Au point culminant du jardin, à dr. de l'église, est érigée une copie, offerte en 1911 par les Danois, de la pierre runique élevée en 970, en Jutland, par Harold à la Dent bleue; la traduction de l'inscription se lit au pied. Près du grand bassin, ancien méridien de la Bourse, œuvre de P. Slodtz (XVIIIe s.), transféré à cette place en 1827; il est orné d'un médaillon de Louis XV et d'un groupe dont le principal personnage figure le Temps. On voit encore, dans le jardin, des statues modernes : Nessus enlevant Déjanire, par Schœnewerk; Moissonneur, par Perrey, et Jeune homme bandant son arc; Rollon, par Arsène Letellier; *buste* en bronze *de Verhaeren*, par César Scrouvens.

L'hôtel de ville, en bordure de la place, est relié au croisillon g. de l'église. Il occupe une aile de l'ancienne abbaye, construite par Le Brument à la fin du XVIIIe s. l'administration municipale y fut installée en 1803. Les deux ailes furent ajoutées sous la Restauration; les sculptures du fronton sont l'œuvre de Dantan. Il a été dévasté par un incendie le 31 décembre 1926. La plupart des œuvres d'art qu'il renfermait ont pu être sauvées, mais comme, au début de 1930, la restauration est loin d'être terminée, nous ne pouvons que donner, pour mémoire, la description de l'état antérieur au sinistre.

Dans le VESTIBULE, statues en marbre de Pierre Corneille, par *Cortot*, et de Jeanne d'Arc sur son bûcher, par *Feuchère*. — Dans la SALLE DES CÉRÉMONIES, portraits de Rouennais célèbres. — Escalier de pierre, de la fin du XVIIIe s.; sur le 1er palier, dans une niche, statue de Louis XV jeune, par *J.-B. Le Moyne.* Un autre escalier, attenant à l'église, de même époque, remarquable par la coupe des pierres, à une *rampe* magnifique en fer forgé. Ces deux escaliers sont l'œuvre de Le Brument. — En haut du grand escalier, bustes de Thouret, député de Rouen (1746-1794) et de Fontenay, maire (1745-1806); plaques commémoratives de la fondation de la commune de Rouen (1171) et du millième anniversaire de la fondation du duché de Normandie (1911). — La SALLE DU CONSEIL MUNICIPAL a été décorée par *Paul Baudoin* de 6 grands panneaux peints, figurant des scènes de l'Histoire de Rouen 1° St Victrice jette les fondations de l'église Saint-Étienne; 2° Le port de Rouen plein de navires étrangers; 3° Origine de la commune de Rouen : les corps de métiers jurent de défendre leurs privilèges : 4° Le sire de Préaux faisant amende honorable à la municipalité; 5° Siège de Rouen; le peuple de Rouen jurant de mourir plutôt de que se rendre; 6° Enrôlement des volontaires sur la place Notre-Dame.

En face de l'hôtel de ville, la rue Thiers, moderne, ramène directement à la rue Jeanne d'Arc (p. 18). Mais il est plus pittoresque d'emprunter l'itinéraire suivant :

En face de l'église Saint-Ouen, la rue de l'Hôpital, qui offre au n° 1 un hôtel de la Renaissance (1524), conduit, à l'angle de la rue des Carmes (à g.) à la fontaine gothique de la Crosse, avec statue de la Vierge, reconstruite en 1861. Cette rue est prolongée par la rue Ganterie, qui compte nombre de vieilles maisons en bois, et qui aboutit dans la rue Jeanne-d'Arc que l'on suit à dr. si l'on veut aller vers la gare Rive-Droite, à g. si l'on doit regagner le cours Boïeldieu.

II. — Le quartier Nord, les Musées.

Remonter la rue Jeanne d'Arc jusqu'à la rue Thiers qu'on suit à gauche. Dans la *rue du Sacre*, la première à dr., le n° 7 offre une belle et imposante façade du XVIIe s. d'un mouvement tout italien. Dépassant la Banque de France, on prend à dr. la *rue Etoupée* qui finit sur la rue *Saint-Patrice*; en face, le lycée Jeanne-d'Arc (lycée de filles) qui occupe un hôtel du XVIIe s., dit *hôtel de la Porte d'Arras*, parce qu'il a été élevé en partie au-dessus de l'ancienne porte d'Arras (n° 42).

Si l'on suivait à g. la rue Saint-Patrice, on rejoindrait la rue Thiers qui finit un peu plus loin sur la *place Cauchoise* où s'élève le *monument de Pouyer-*

Quertier, filateur et député de Rouen, ministre des Finances en 1871, et l'un des signataires du traité de Francfort, par Alph. Guilloux (1894).

De la place Cauchoise, la rue Cauchoise conduit en moins de 5 minutes à l'*église Saint-Gervais* (p. 37).

Suivant à dr. la rue Saint-Patrice, on passe devant un bel hôtel Louis XIII (n° 36), puis, à g., devant **l'église Saint-Patrice** (p. 52) et on aboutit à la rue Jeanne-d'Arc devant le square Solférino au fond duquel s'élève le **musée des Beaux-Arts** (p. 55) dont le revers est occupé par la **bibliothèque municipale** (p. 61).

Dans le square, *buste de Guy de Maupassant*, par Verlet; *monument des frères Bérat*, chansonniers, par A. Guilloux; *buste de* l'écrivain normand *Jean Revel* (1848-1925), par Robert Delandre.

Contournant le musée par la rue Thiers, on voit à g., à l'angle de la rue de la Bibliothèque, la fontaine avec *buste* en marbre du poète *Louis Bouilhet* (1824-1869), par l'architecte Sauvageot et le sculpteur Guillaume. Vis-à-vis s'élève l'ancienne *église Saint-Laurent*, aujourd'hui **musée Le Secq des Tournelles** (p. 62) à droite de laquelle on voit le *monument de Gustave Flaubert*, par Bernstamm (1907). Au N. de l'ancienne église Saint-Laurent est l'*église Saint-Godard* (p. 53).

Derrière Saint-Godard est la maison natale (inscription) de Jules de Blosseville, navigateur et naturaliste (1802-1833). — On prend la rue Beffroy sur la g., puis à dr. la rue Bouvreuil qui offre au n° 4 une maison Louis XIII. On aperçoit à g., dans un square, la **tour de Jeanne-d'Arc** (visible t. l. j. sauf le mercredi, de 10 h. à 12 h. et de 13 h. à 16 h. ou 17 h.; pourboire).

Cette tour est l'ancien donjon du château de Rouen, bâti en 1207 par ordre de Philippe Auguste. Jeanne d'Arc y comparut plusieurs fois devant ses juges, et y fut menacée de la torture le 9 mai 1431. C'est une tour cylindrique, haute de 25 m. et entourée de fossés; le dernier étage, rebâti de 1866 à 1879, est muni de hourds en bois et coiffé d'un toit en poivrière. Du côté de la rue du Donjon, elle porte une plaque de marbre où est figuré le plan de l'ancien château (1914).

A l'intérieur où un petit *musée Jeanne-d'Arc* est en formation, on visite la salle basse, où Jeanne d'Arc fut interrogée et mise en présence des instruments de torture. Au centre, groupe en plâtre de Jeanne d'Arc libératrice, par Antonin Mercié, modèle de celui qui est érigé devant la maison de Jeanne d'Arc, à Domrémy. Gravures, dessins, chenêts de 1204 et souvenirs divers relatifs à la Pucelle. Ancien puits du donjon, cheminée; cachet présumé de Xaintrailles, compagnon d'armes de Jeanne d'Arc.

Le château se composait en 1430 d'une enceinte flanquée de 7 tours, dont l'une dite « tour vers les Champs », ou tour « de la Pucelle », servit de prison à l'héroïne jusqu'au 30 mai 1431, date de son supplice (p. 7); détruite en 1809, les soubassements en ont été retrouvés en 1908, ainsi qu'un puits central, profond de 12 m. Ils sont enclavés et visibles dans la cour d'un immeuble voisin : entrée rue Jeanne d'Arc, 102.

La rue Bouvreuil, prolongée au delà du boulevard de l'Yser par la rue du Champ-des-Oiseaux, conduit à l'**église Saint-Romain** (p. 54). A proximité, à g., s'élève la nouvelle gare Rive-Droite, ouvrage de l'architecte Adolphe-Dervaux (1928).

On revient au boulevard de l'Yser qui conduit à g. à la place Beauvoisine; au delà, Cirque de Rouen. Là on prend, à dr., la rue de la République, qui amène à la *fontaine Sainte-Marie*, ou Château-d'Eau, réservoir de distribution des eaux de Rouen. Elevée en 1879, elle est l'œuvre de l'architecte de Perthes et du sculpteur Falguière. Le motif central figure la Ville de Rouen, sur une proue de navire, flanquée des 2 rivières, le Robec et l'Aubette. A dr. et à g., groupes de l'Agriculture et de l'Élevage. En arrière, dans une niche, jolie statue de la Source.

Voisin de la fontaine Sainte-Marie, le *jardin archéologique*, où sont déposés des débris divers d'anciens monuments de la ville (voir ci-après) est entouré par l'école de Médecine et de Pharmacie, l'école des Sciences et des Lettres et par le **musée d'antiquités** (p. 64) et le *musée d'histoire naturelle* (p. 67). On entre dans le jardin par une porte du XVe s. ayant appartenu à un couvent.

Dans le jardin, façades en pans de bois d'une maison de la rue Damiette (XVe s.) et d'une maison de la rue Bon-Espoir (1622); en face, porte flamboyante provenant de l'église du Saint-Sépulcre avec vantaux de la Renaissance provenant de l'abbaye de Saint-Amand; pyramide primitive de la fontaine de la Croix-de-Pierre (p. 25); grandes statues des XIIIe et XIVe s.

Du Musée d'antiquités, on descend la rue de la République que bordent à g. le *petit collège de Joyeuse* et le *lycée Corneille*. Ils occupent l'ancien collège des Jésuites (XVIIe-XVIIIe s.) et un bâtiment de l'ancien séminaire fondé en 1515 par le cardinal de Joyeuse. Pour la chapelle, *V.* p. 54.

Dans la COUR D'HONNEUR, modèle en plâtre de la statue de Corneille, par David d'Angers, érigée sur le pont Corneille (p. 35) et monument aux morts de la Grande Guerre. Le *parloir* est l'ancienne salle des Actes, avec mobilier et boiseries de l'époque Louis XV (peintures modernes de Zacharie).

Si l'on continuait la rue du Bourg-l'Abbé, on atteindrait, par la rue Saint-Nicaise (3e à g.), l'*église Saint-Nicaise*, gothique, du XVIe s.; belles clefs de voûtes dans le bas-côté g. du chœur; beau vitrail de 1555 dans le bas-côté S.; retable, buffet d'orgues et orgue de 1632, construit par Crépin Carlier; chaire du XVIIIe s. Tout près, rue Poisson est l'ancien séminaire, aujourd'hui école professionnelle. — Entre les rues Saint-Nicaise et de la République, au n° 31 de la rue Coignebert, *maison natale d'Armand Carrel.*

A dr. de la rue de la République, en face de la rue Bourg-l'Abbé, se trouve la place de la Rouge-Mare, avec l'ancienne *chapelle* du couvent de

Saint-Louis, de 1683. Cette place, où se tient le marché au beurre, tire son nom du combat qui s'y livra en 949, et dans lequel Richard Ier, duc de Normandie, battit Othon, empereur d'Allemagne, Louis IV, roi de France et Arnould, comte de Flandre, coalisés contre lui. On remarque encore sur cette place une maison moderne en pans de bois imitant avec une heureuse liberté la construction normande du XVIe s.

La rue de la République ramène à la place de l'Hôtel-de-Ville, et à Saint-Ouen (p.26 et 47), passe devant l'archevêché (p. 47), et aboutit aux quais de la Seine.

III. — Les quais de la Seine et le faubourg de la rive gauche.

A l'angle du cours Boïeldieu et de la place des Arts se trouve le *théâtre des Arts* qui datait de 1776 et qui fut incendié en 1876. Reconstruit en 1882, par Sauvageot, il a un fronton sculpté par Chapu. Au plafond, Apothéose de Corneille, par Léon Glaize. Les peintures du foyer sont de Baudouin et Millet; celles de l'escalier, de Demarest. Le théâtre contient 1,500 places.

De l'autre côté du théâtre, sur une placette qui prolonge la place des Arts et en conserve le nom, vis-à-vis le pavillon du Syndicat d'initiative, est un très bel ensemble de maisons anciennes, en pans de bois, dont le grand *logis Caradas*, à plusieurs encorbellements, de la fin du XVIe s.

Au fond de la place des Arts, la rue Grand-Pont monte à la place Notre-Dame et à la cathédrale : dans la rue Saint-Étienne-des-Tonneliers qui débouche à g., maison du XVIe s. en bois sculpté.

En face du théâtre est le ponton d'embarquement pour la Bouille et le Havre. Sur le quai, buste de Louis Brune, sauveteur rouennais (1807-1843), par F. Devaux.

En face de la place des Arts, le *pont Boïeldieu* (1885-1888), de 240 m. de long, avec 3 arches en acier, conduit à la place Carnot, en face de la gare d'Orléans, et d'où on peut se rendre à la gare de l'État-Rive-Gauche ou au Jardin des plantes (p. 36). De ce pont, le premier qui, depuis son embouchure, soit jeté sur la Seine, on a la plus belle vue d'ensemble sur le port. Une plaque posée sur le parapet signale l'endroit d'où les cendres de Jeanne d'Arc furent jetées dans la Seine.

Descendant vers l'aval le quai de la Bourse, on voit bientôt le monument qui lui a donné son nom.

La **Bourse** ou palais des Consuls occupe un vaste monument où sont installés la bourse, la chambre et le tribunal de commerce, ainsi que le bureau central des télégraphes et téléphones. Il a été bâti en 1734 par le fameux Blondel pour la juridiction consulaire de Rouen. La façade sur le quai, a été bâtie par Lefort, en 1894, fronton sculpté par Verlet. Sur le côté droit, une plaque de bronze rappelle l'arrivée des premières troupes américaines en 1917.

A l'intérieur (s'adresser au concierge, pourboire), escalier monumental, avec moulage d'une statue de Louis XV, par *Coustou*. — 1er ÉTAGE : à l'entrée des galeries, bas-reliefs de *Jadoulle* (XVIIIe s.), le Commerce et la Justice : Salle de la Chambre de commerce : boiseries; tableau de *Lemonnier*, peintre. rouennais, représentant le Commerce (1791). Salle des tableaux, contenant 3 toiles de *Schopin*, parmi lesquelles la Visite de Louis-Philippe. Dans la partie neuve, cabinet du président avec plafond de *Paul Baudoin*, la Seine et ses affluents; vases de Sèvres, tapisseries des Gobelins. Bibliothèque, avec plafond de *Paul Baudoin*, la Ville de Rouen recevant le tribut des nations étrangères; tableau de *Lemonnier*, Réception de Louis XVI, en 1786; bas-relief de *Denys Puech*, la Seine.

A côté de la Bourse, sur le quai, *statue de Boïeldieu*, par Dantan jeune — Derrière la Bourse, rue Nationale, n° 41, ancienne *église Saint-Pierre-du-Châtel*, de style gothique (XVIe s.), désaffectée, avec imposant lambris, en berceau brisé.

Continuant de suivre le quai au delà de la rue Jeanne-d'Arc, on passe devant l'*hôtel des Douanes*, construit en

Cl. Messageries Hachette

ÉGLISE SAINT-MACLOU.

1838, par Isabelle. A la façade, 2 bas-reliefs de *David d'Angers* symbolisent les Génies du Commerce et de la Navigation.

Dans la cour intérieure a été placé le **fronton** de l'ancienne Douane, de *Nicolas Coustou* (1726), représentant le Commerce : au centre, Mercure coiffé d'un casque ailé, tient un caducée à la main.

Au delà s'étend le quai du Havre avec le *pont transbordeur*, le premier de ce genre qui ait été construit en France. Œuvre de l'ingénieur Arnodin (1898-99), il se compose de deux pylônes, hauts de 65 m., supportant un tablier long de 146 m. et qui est lui-même à 50 m. au-dessus de l'eau. On peut faire l'ascension du tablier.

On peut suivre à volonté le quai et revenir par le tram à la place des Arts.

Au fond de la place des Arts, on prend à dr. la rue de la Savonnerie, où la **fontaine de Lisieux** fut édifiée en 1518, par Jacques Le Lieur, échevin et poète rouennais qui demeurait dans une maison voisine (inscription). Elle représentait le Parnasse et Apollon, avec les Muses; les intempéries l'ont complètement rongée. Cette fontaine est adossée à l'hôtel de Lisieux, ancien manoir des évêques de Lisieux, où est mort l'évêque Cauchon, qui instruisit le procès de Jeanne d'Arc.

Poursuivant tout droit, on coupe la ***rue du Bac** d'où l'on a une vue célèbre sur le portail de la Calende et la flèche de la cathédrale et qui offre un très bel ensemble de maisons anciennes : aux n°s 28 et 30, belles maisons en pierre de 1632; à l'angle de la rue des Fourchettes, maison en pans de bois du XVe s.

On traverse la rue du Bac et on débouche sur la place de la Basse-Vieille-Tour, où se tient le marché aux poissons, et d'où l'on gagne la *place de la Haute-Vieille-Tour* en passant sous le monument de Saint-Romain.

Le **monument de Saint-Romain* est un charmant édicule de pierre, de la Renaissance (1542), sorte de loggia de style gréco-romain, couronnée d'une lanterne et d'un lanternon, à laquelle on accède par deux escaliers. Depuis le XIIe s. jusqu'en 1790, la châsse ou *fierte Saint-Romain* contenant les reliques de St Romain, patron de Rouen, y était tous les ans, le jour de l'Ascension, apportée en procession; là, un condamné à mort, désigné par le chapitre de la cathédrale, recevait le reliquaire et l'élevait en l'air au-dessus de la foule : il était alors grâcié et mis en liberté.

La place de la Haute-Vieille-Tour, pittoresquement animée, le vendredi, par un marché en plein air, est bordée de trois côtés par les anciennes halles de Rouen élevées au milieu du XVIIe s. : au fond était la halle aux toiles blanches, doublée par derrière de la halle aux blés, à g. la halle aux toiles écrues, à dr. la halle à la rouennerie; les toitures reposent sur de magnifiques charpentes dont on peut voir une partie dans une galerie qui sert de marché au beurre et à la volaille. Ces bâtiments abritent aujourd'hui l'École des beaux-arts, les magasins de décors du théâtre des Arts, divers syndicats et sociétés.

La Bourse du travail est moderne, avec haut-relief allégorique, par A. Guilloux : la Ville de Rouen protégeant ses enfants; des fresques, par P. Baudouin, y figurent le Travail ancien et moderne.

De la place de la Haute-Vieille-Tour part la **rue de l'Epicerie,** une des plus vieilles de Rouen, avec maisons à pignon du XVIe s.; au n° 14, maison dont les poutres sont ornées d'anges musiciens; elle aboutit à la place de la Calende, où elle fait l'angle avec la rue du Bac.

A l'E. de la place, un passage conduit sur la *rue de la République,* grande percée moderne qui réunit la place de l'Hôtel-de-Ville au pont Corneille.

Traversant la rue de la République, on peut suivre la rue des Augustins qui a gardé, au n° 44, dans la cour de l'hôtel des Augustins, l'ancienne église des Augustins du XIVe s. — Dans la rue Louis-Brune parallèle à la rue des Augustins au N., se voit la très belle maison en pans de bois dite **maison des Fours-Banaux*, de 1585; dans la cour a été transportée et plaquée contre le mur de la maison voisine la façade en pierre d'une *maison du temps de Henri III : cette façade est aussi remarquable par l'originalité de sa composition que par la beauté de ses sculptures.

En continuant le quai au delà de la place de la République (tram de Bon-Secours, p. 68), on trouverait la belle *porte Guillaume-Lion*, de style Louis XV, avec bas-relief et fronton sculpté par Claude Le Prince (1749), reste de l'ancienne enceinte.

En face de la place de la République, on prend le **pont Corneille** ou Pont de pierre, qui traverse la Seine en s'appuyant sur l'extrémité de l'île Lacroix. La première pierre en fut posée, en 1813, par l'impératrice Marie-Louise; il ne fut terminé qu'en 1835 et à coûté 10 millions; sa longueur totale est de 260 m. Sur le terre-plein, *statue de Corneille*, d'après le modèle laissé par David d'Angers, élevée en 1834.

L'île Lacroix, longue de 1 k. env., est en majeure partie occupée par des établissements industriels et maritimes. Dans les deux bras de la Seine qui l'entourent est le port fluvial.

Le port fluvial qui couvre 16 hect., fait suite au port maritime, dont le sépare le pont Boïeldieu. Il s'étend sur 12 k. jusqu'au pont d'Oissel et peut recevoir un millier de chalands. Il relie Rouen à Paris; les marchandises y sont transbordées dans des péniches. C'est surtout dans le bras droit de la Seine, au Pré-au-Loup, en bas de la colline de Bon-Secours, que stationne la batellerie. Le mouvement du port fluvial a été, en 1929, de 4,877,000 tonnes.

Le pont Corneille aboutit aux quais d'Elbeuf (à g.) et Saint-Sever (à dr.). Au delà du quai d'Elbeuf, voisin de la gare État-Rive-Gauche, on trouverait, en bordure de la Seine, le *Grand-Cours*, vaste promenade ombragée, créée en 1649 par le duc de Longueville; là se tiennent les concours d'agriculture. Cette promenade a été très abîmée pendant la guerre. — Le quai Saint-Sever aboutit à la place Carnot (p. 32).

Toute cette rive g. de la Seine, connue sous le nom de **faubourg Saint-Sever,** est très industrielle et s'occupe surtout de la filature et du tissage du coton (p. 10).

La rue La-Fayette (tram), partant du pont Corneille et la rue Saint-Sever (tram), partant du pont Boïeldieu, amènent à l'*église Saint-Sever*, moderne.

Au delà de l'église Saint-Sever, à dr., par la rue Saint-Julien, on arriverait à l'église Saint-Clément, moderne, de style roman, avec fresques de Dupuy-Delaroche et Philippe Zacharie. En face, se trouve la *fontaine du Bienheureux J.-B. de la Salle*; le groupe principal, par Falguière, représente l'abbé de la Salle (1651-1719), fondateur des Frères des Écoles chrétiennes, enseignant les enfants; au piédestal, 2 bas-reliefs en bronze, par Legrain, figurent l'abbé secourant les malades et Jacques II visitant ses écoles; l'architecte est De Perthes.

Au delà de l'église Saint-Sever, à g., la longue rue d'Elbeuf conduit au beau **Jardin des plantes,** fondé en 1839 dans l'ancien parc de Trianon, agrandi depuis. Il couvre 10 hect., avec de nombreuses serres et renferme l'école botanique et l'école d'arboriculture, le *buste d'Eugène Noël*, littérateur et naturaliste (1816-1899), par A. Guilloux, et une pierre runique.

En continuant l'avenue (tram), on arriverait au champ de courses (café-rest.).

Aître de Saint-Maclou.

Cl. Messageries Hachette

Cour d'Albane.

LES ÉGLISES

Rouen ne conserve de l'époque pré-romane que la crypte carolingienne de l'*église Saint-Gervais* (Pl. A1; p. 18); saint Mellon y fut enseveli en 311 et son successeur Avitien, mort en 325, y repose encore dans un tombeau qui est un but de pèlerinage. L'église est moderne; on y voit des peintures de Savinien Petit et le monument de l'abbé Lefèvre, fondateur de l'école des sourds-muets de Rouen (1909).

La crypte de la cathédrale, qu'on ne visite pas, renferme aussi des parties fort anciennes et d'ailleurs très défigurées en sorte qu'elle ne peut intéresser que les spécialistes de l'archéologie médiévale.

L'église Saint-Ouen conserve de l'église romane qui la précède une absidiole surmontée d'un étage.

A côté de la nouvelle église Saint-Paul (Pl. D4) subsistent l'abside et les absidioles romanes de l'ancienne église.

Les incendies, fréquents dans une ville entièrement bâtie en bois, et le fait que les églises carolingiennes ou romanes étaient devenues insuffisantes pour une population grandissante, expliquent que les plus anciennes églises de Rouen, aujourd'hui, soient purement gothiques.

Ces églises ont naturellement quelques traits communs,

l'existence d'une école gothique normande n'étant pas discutable. Cependant, la cathédrale mise à part, ce n'est pas à Rouen qu'il faut chercher les pures productions du style gothique de Normandie : c'est que ce style s'accusa surtout à la fin du XIIe et au XIIIe s. et que les églises de Rouen sont des églises flamboyantes, c'est-à-dire des églises d'une époque tardive où les différences provinciales s'étaient beaucoup atténuées. Cependant on y trouve encore bien des éléments typiques : l'élancement très accusé des nefs, l'usage de la tour-lanterne et du triforium, l'extrême largeur des baies, la composition recherchée des clochers, les églises prévues sans voûtes et couvertes d'un imposant lambris en berceau brisé. Plus que partout ailleurs, le style flamboyant a été employé en Normandie pendant tout le XVIe s. : d'où la rareté des églises Renaissance dont il n'y a pas d'exemple à Rouen.

***

La ****cathédrale Notre-Dame,** une des plus belles églises de France, offre toutes les variétés de l'art gothique, depuis le style du XIIIe s. jusqu'au flamboyant. Elle fut commencée en 1201 ou 1202, par Jean d'Andely, auquel succéda en 1214 Enguerrand ou Ingelram, sur l'emplacement d'un édifice roman consacré en 1063 et incendié en 1200. Avant 1250 l'édifice était achevé dans son gros œuvre; au XIVe s. on refit la façade et la chapelle de la Vierge, on construisit les chapelles latérales et on commença de refaire les fenêtres dans le style du jour; au XVe s. on éleva la tour de Beurre et on continua la réfection des fenêtres. L'édifice ne fut entièrement terminé qu'en 1530; il fut saccagé en 1562 par les protestants; au XVIIIe s., les chanoines « débarrassèrent » l'édifice de la plupart des statues gothiques qui l'ornaient; transformé pendant la Révolution en temple de la Raison, il subit bien entendu, de nouvelles déprédations; le tombeau de Charles V, un des chefs-d'œuvre de la sculpture gothique, fut alors anéanti. La flèche centrale ne date que du XIXe s. La façade large de 56 m. avec les 2 tours qui la flanquent, est une des plus grandioses « pages de pierre » que le moyen âge ait écrites.

De la façade élevée à l'extrême fin du XIIe s. il ne reste plus que les deux portails latéraux avec l'arc plein-cintre et la petite colonnade qui les surmonte; les jambages et les archivoltes offrent une décoration tout à fait remarquable qui s'apparente à celle des cathédrales de Gênes et de Monreale, en Sicile. Les 2 tympans sont postérieurs (2e quart du XIIIe s.). Le portail de dr., ou *porte Saint-Etienne*, offre au tympan la lapidation de Saint-Étienne et le Christ de majesté; les petits panneaux du socle représentent encore la lapidation et probablement le voyage de saint Paul à Damas; le portail de g. ou *porte Saint-Jean* est consacré à Saint-Jean-Baptiste; le registre inférieur du tympan représente, de g. à dr., le Festin d'Hérode, la Danse de Salomé, la remise de la tête tranchée à Hérodiade, la décollation du saint; le registre supérieur représente l'ensevelissement du Précurseur.

Les parties de la façade qui surmontent ces deux portails ont été refaites entièrement de 1370 à 1420; c'est une des plus anciennes productions du style flamboyant; de plus, l'ordonnance de ces grandes et étroites baies aveugles, ornées de statues et surmontées de pignons ajourés, est manifestement d'origine anglaise. Les statues sont du XIVe s. (remployées) et du XVe s. : ce ne sont pas des chefs-d'œuvre de la sculpture gothique, mais des morceaux traités vigoureusement, avec une pointe d'emphase, afin d'atteindre un grand effet décoratif.

Des statues analogues, inspirées de l'art bourguignon, se voient aux angles de la tour-lanterne.

Le *portail central*, avec tout le milieu de la façade, fut élevé de 1509 à 1514 par les architectes Jacques et Roland Le Roux; le tympan, représentant un arbre de Jessé, fut sculpté en 1512 par Pierre des Aubeaux à l'atelier duquel est probablement dû le reste de la statuaire : sur les jambages, statues de prophètes, de patriarches et de sibylles; dans les voussures, 356 statuettes des plus curieuses (sujets religieux et profanes); dans l'écoinçon qui surmonte la grande rose, la Vierge entre deux anges. L'arbre de Jessé, mutilé par les huguenots, fut restauré en 1626. La croix qui amortit le pignon terminal ainsi que les 2 clochetons qui épaulent celui-ci sont des restitutions modernes.

A dr. et à g., hors œuvre, s'élèvent deux tours. La **tour Saint-Romain*, à g., la plus ancienne, est la plus simple en même temps que la plus pure de style; sa base est du début du XIIe s.; les étages appartiennent au style de transition (1145-1160) sauf le dernier qui a été élevé de 1465 à 1477, en style flamboyant. Cette tour, qui atteint 82 m. avec la toiture, renferme des salles voûtées admirablement construites, l'horloge et la sonnerie des cloches, parmi lesquelles le Gros Bourdon pèse 6,500 kilog.; à côté de celui-ci, figure, depuis le mois d'avril 1920, une nouvelle cloche, « la Jeanne d'Arc », pesant 20,000 kilog. (pour la visite de la tour Saint-Romain, s'adr. à la sacristie de la cathédrale; 1 fr.); en plus de la sonnerie, un carillon de 29 cloches est placé dans la célèbre **tour de Beurre* située à dr. Celle-ci haute de 77 m., de style flamboyant a été bâtie de 1485 à 1507, avec l'argent des dispenses accordées aux fidèles pour l'usage du beurre en carême : d'où son nom. Commencée par Guillaume Pontifz elle fut achevée par Jacques Le Roux. C'est le type le plus achevé des tours élevées dans ce style. Les grandes statues qui ornent les contreforts sont de l'époque.

La *tour centrale*, qui porte la flèche, a été construite et remaniée du XIIIe au XVIe siècle. La flèche actuelle, qui a remplacé l'ancienne flèche en charpente et en plomb, élevée en 1544 et détruite par la foudre en 1822, est en fonte et en bronze.

Œuvre hardie, elle fut commencée en 1827 par l'architecte Alavoine; sa construction, interrompue en 1848, fut terminée en 1877, par Barthélemy et Desmaret. Elle pèse 740,000 kilog.; sa pointe est à 156 m. du sol; il y a 423 marches jusqu'à la lanterne. Elle est entièrement ajourée et l'ascension n'est pas à recommander aux personnes sujettes au vertige; pour cette ascension, s'adresser au concierge de la Cour des Libraires; gratuit le jeudi et le dim.; les autres j., 1 fr.

Si l'on contourne la tour de Beurre pour longer le flanc S. de l'édifice, on voit d'abord s'ouvrir la *porte des Maçons*, du XIVe s., avec tympan figurant la Présentation au Temple et voussures ornées de statuettes. — De grandes statues de rois et d'évêques, du XIIIe s., d'une grande allure quoique trop restaurées, ornent les contreforts de la nef.

Après la porte des Maçons, on arrive au pied du bras S. du transept dans lequel s'ouvre le **portail de la Calende*, commencé en 1280 par Jean Davy, achevé dans le premier quart du XIVe s.; il a été restauré de 1854 à 1866. Les vantaux de la porte sont anciens. Le Christ du trumeau est moderne ainsi qu'une partie des grandes statues qui l'accompagnent; toutes les têtes ont été refaites au XIXe s. Les petits bas-reliefs à compartiments sous les statues des apôtres figurent l'histoire de Jacob et de Joseph, les Vies de St Romain et de St Ouen, le Mauvais Riche et le Lai d'Aristote. Au sommet des arcatures qui encadrent ces petits panneaux, charmants sujets profanes et fantaisistes; le tympan représente la vie de Jésus et la Passion, dans les quatre-feuilles du gâble, Pèsement des âmes et scènes de la Résurrection; les statuettes des voussures, fort belles, représentent des martyrs, des prophètes et des anges; au sommet du croisillon, sous le dais qui orne le pignon, groupe représentant le Couronnement de la Vierge. — En face du portail s'ouvre la pittoresque *rue de l'Epicerie* (p. 34); Au delà est l'archevêché (p. 47) qui enveloppe et dissimule le chevet de la cathédrale; au-dessus de la chapelle de la Vierge, statue de la Vierge, en plomb, de Nicolas Quesnel (1540). On revient à la façade.

A g. de la façade s'ouvre la *cour d'Albane*, dont les vieilles maisons tapissées de lierre et de vigne vierge forment avec la cathédrale un surprenant décor du moyen âge. Dans le square, fragments de sculptures gothiques.

En continuant à g. à contourner la cathédrale par la vieille rue Saint-Romain bordée de maisons à pignons, on arrive à la *cour des Libraires*, et au **portail* du même nom qui s'ouvre au fond, dans le croisillon N. On pénètre dans la cour par un *portail* de la fin du XVe s., œuvre de G. Pontifz, formé de deux arcades jumelles supportant une élégante claire-voie. La cour, dont les bâtiments latéraux ont été construits du XIIIe au XVe s., doit son nom aux boutiques de libraires et relieurs qui s'y trouvaient à g. Dans le bâtiment de dr., œuvre également de Pontifz (1464-1484), était installée la bibliothèque des chanoines, auj. Faculté de théologie. Les arcades des anciennes boutiques sont murées.

Le *portail des Libraires*, encadré de belles arcatures, date comme le portail de la Calende, de la fin du XIIIe s. et du début du XIVe s. Au tympan, inachevé, bas-relief du Jugement dernier; au contrefort E., et au niveau de la galerie surmontant le portail, statues anciennes de Ste Geneviève, de Ste Apolline et du Jugement de Salomon. A dr.

et à g. du portail, en bas, magnifique série de petits médaillons sculptés : ceux qui sont au sommet de chaque panneau forment une suite représentant la Création et l'histoire d'Adam et d'Eve; quelques autres figurent les Arts libéraux; tout le reste n'est que sujets fantaisistes tirés principalement des Bestiaires et traités avec une verve extraordinaire. Au trumeau, statue moderne d'évêque. Les vantaux sont anciens et ont de belles ferrures; ils sont munis, à l'extérieur, d'une traverse ornée d'amusants petits masques (XIVe s.). Le portail est flanqué de 2 tours carrées, inachevées.

La nef, de proportions superbes, est flanquée de bas-côtés simples (les chapelles latérales furent aménagées au XIVe s. entre les contreforts); des tribunes avaient été prévues qui ne furent jamais achevées : le repentir est très visible dans les bas-côtés où l'on s'est servi des arcades inférieures pour installer, sur de légères colonnettes, une coursière presque unique en son genre; sous les fenêtres hautes court une galerie de circulation d'un dessin exceptionnel. La nef est traversée par un immense transept saillant qui offre la particularité assez rare d'être pourvu de bas-côtés comme la nef; la croisée porte une **tour lanterne* haute de 51 m., qui par la hardiesse de sa construction comme par la pureté de ses lignes, est un des plus beaux ouvrages d'architecture de tous les temps; le chœur, long de 4 travées, exempt du repentir signalé dans la nef, élevé sur de hautes colonnes, caractéristiques de l'école normande, au-dessus desquelles règne un triforium à arcades, est un chef-d'œuvre d'élégance; il est entouré d'un déambulatoire à 3 chapelles rayonnantes; 2 absidioles polygonales ouvrent dans les bras du transept comme dans les églises romanes bénédictines. La hauteur des voûtes est de 28 m.; la longueur totale du vaisseau est de 135 m.

NEF. — Buffet d'orgues des XVIIe et XVIIIe s. Derrière, galerie du plus riche style flamboyant (invisible d'en bas). Au-dessus, la *rose* de la façade est garnie de vitraux du XVIe s. figurant le Père Eternel entouré d'Anges. En face de la chaire, Christ en plomb, de *Clodion* (XVIIIe s.).

BAS-CÔTÉ DR. — Chapelle Saint-Étienne, sous la tour de Beurre, souvent fermée; (s'adresser au sacristain, petite rémunération). Beaux *vitraux* du début du XVIe s. : Ascension, Incrédulité de St Thomas, Pèlerinsd'Emmaüs; retable d'autel moderne; à dr., jolie piscine, avec statuettes de St Étienne, St Martin et St Laurent; à dr. et à g., tombeaux, avec statues (début du XVIIe s.), du président Groulard et de sa femme; tombes gravées, des XIIIe

et XIVe s., et pierre tombale de Jacques Turjis, Robert Tallebot et Jacques Le Brasseur, injustement condamnés par le Présidial des Andelys en 1627. — 6e travée, chapelle Sainte-Colombe ou des Innocents, charmante décoration du XVIIIe s. : retable en marbre, Nativité du Christ; en face, 5 panneaux en albâtre (XVIIIe s.) : Annonciation, Visitation, Fuite en Égypte, Sainte Famille, Assomption. — 7e travée : autel et décoration de l'époque Louis XIII avec peintures de l'époque. — 8e travée : inscription tumulaire du marin R. de la Salle : Vierge du XVIe s. — 9e travée, chapelle Sainte-Marguerite : vitrail du XVe s., la Passion; monument de l'archevêque Thomas (1826-1894) par A. Guilloux (1911). — 10e travée, chapelle du Petit-Saint-Romain : *vitrail* du XVe s. : Vie de St Romain; *tombeau de Rollon*, 1er duc de Normandie († 932), avec *statue de la fin du XIIIe s. A l'autel, Résurrection (XVIIIe s.).

CROISILLON DR. — A dr. de la porte, chapelle du Grand-Saint-Romain, avec beau retable en bois sculpté de 1636.

A g. de la porte, 2 magnifiques **vitraux* de la Renaissance (1521), traitant la vie de St Romain. — Chapelle Saint-Joseph :à dr., très bel *Ecce homo*, en pierre, de la fin du XIIIe ou du début du XIVe s. — Dans l'absidiole, chapelle Jeanne-d'Arc : autel moderne avec statue, par Joseph Navone, de Gênes, entre deux allégories, le tout en marbre blanc; à g., plaque commémorative des soldats anglais morts pendant la grande guerre et « qui pour la plupart reposent en France »; à dr., dans une niche, monument de Mgr Fuzet, ancien primat de Normandie, par Gauquié (1917). Devant la chapelle, dans une vitrine, broderie, or et argent, exécutée par les dames de Rouen et représentant Jeanne d'Arc. Le 1er vitrail à dr., dans l'absidiole, est une magnifique composition du milieu du XVe s. représentant la Vierge et St Jean-Baptiste.

Sur le carré du transept, s'élève l'admirable *tour-lanterne* dont il a été parlé plus haut.

A dr. et à g. de l'entrée du chœur, adossés aux gros piliers, sont deux autels, restes du jubé élevé là en 1773 : l'un porte une statue de la Vierge et représente en bas-relief la Déploration du Christ : c'est un ouvrage de Lecomte; l'autre, dû au ciseau de Clodion, porte une statue de Sainte Cécile et représente en bas-relief la mort de la même sainte.

CHŒUR. — C'est la partie de l'église qui offre le style du XIIIe s. le plus simple et le plus pur. Piliers cylindriques à chapiteaux. Aux fenêtres supérieures, au fond, 3 **vitraux* du XVe s. : au centre, le Christ en croix; 96 *stalles* exécutées de 1457 à 1469, aux frais du cardinal d'Estouteville sous la direction du sculpteur Philippot Viart avec le concours de sculpteurs flamands : leurs sculptures représentent les principales professions de l'époque; curieuses miséricordes; ces stalles étaient primitivement pourvues de dossiers à dais qui furent détruits pendant la Révolution. Maître autel moderne.

Cl. Messageries Hachette

Cathédrale Notre-Dame.

Pourtour du chœur. — On ne visite qu'en dehors des heures des offices et seulement sous la conduite du suisse. — Contre la grille du chœur, tombeau du XIIIe s. avec « gisant » renfermant le *cœur de Richard Cœur de Lion*, roi d'Angleterre et duc de Normandie († 1199). — Chapelle Saint-Barthélemy, avec très belle clôture de pierre du XVe s. et porte en fer de l'époque; vitrail du XIIIe s., représentant l'histoire des saints Pierre et Paul. Entre cette chapelle et celle de la Vierge, vitraux du XIIIe s. représentant la Passion et l'histoire du bon Samaritain.

Chapelle de la Vierge, à l'abside, construite de 1302 à 1320; fermée sauf pendant les offices, s'adr. au sacristain, rémunération. — Les *vitraux* (presque tous du XIVe s.), représentent les 24 archevêques de Rouen honorés comme saints. Superbe autel du XVIIe s., en bois, sculpté, par Jean Racine, avec *Adoration des Bergers, par *Philippe de Champaigne.* Au mur de dr. : ****tombeau des cardinaux d'Amboise,** chef-d'œuvre de la Renaissance, élevé de 1518 à 1525, sur les dessins de Roland Le Roux, par les sculpteurs Pierre des Aubeaux, Regnaud Thérouin, Jean Chaillou, André Le Flament, Mathieu Laignel et Jean de Rouen. Au soubassement, 6 statuettes, la Foi, la Charité, la Prudence, la Force, la Justice et la Tempérance, sont séparées par des pilastres ornés de figures de moines. L'Espérance et la Chasteté se font vis-à-vis au niveau du socle des statues. Sur le tombeau, statues agenouillées du cardinal d'Amboise, Georges Ier († 1510), archevêque de Rouen et ministre de Louis XII, (à g.) et de son neveu Georges II (à dr.), qui fit élever le monument. La tête de Georges Ier, œuvre de Pierre des Aubeaux, est un des chefs-d'œuvre de la sculpture française. La tête de Georges II est attribuée sans certitude à Jean Goujon. Derrière les statues, bas-relief représentant St Georges terrassant un dragon, et 6 statues : un évêque, la Vierge, St J.-Baptiste, St Romain, un religieux, un archevêque bénissant. De chaque côté, 2 statuettes d'archevêques, dans des niches élégantes. Au-dessus du tombeau, dais sculpté; statuettes des Apôtres, des Prophètes et des Sibylles. — Au pied du monument, une dalle tumulaire recouvre les restes du cardinal de Cambacérès († 1818). Au mur de g., tombeau du cardinal de Croy († 1855), *tombeau* presque entièrement refait de nos jours de *Pierre de Brézé* tué à la bataille de Monthléry, en 1465. — Entre-deux ***tombeau de Louis de Brézé,** mort en 1531, petit-fils du précédent, sénéchal de Normandie, et qui épousa en secondes noces Diane de Poitiers. Ce tombeau, œuvre de 1er ordre de la Renaissance, lui fut élevé par sa veuve, de 1536 à 1544. Sous l'arcature du sommet, qu'encadrent 4 cariatides représentant la Victoire, la Foi, la Prudence et la Gloire, Louis de Brézé est figuré à cheval et armé de toutes pièces. Au-dessous on voit le corps du « gisant » sculpté en albâtre d'après un moulage pris sur nature : à g., Diane de Poitiers est agenouillée; à dr., la Vierge. Ces deux dernières statues, fort belles, sont probablement de Nicolas Quesnel; le cavalier et les cariatides sont attribuées avec vraisemblance à Jean Goujon, mais on n'en est pas certain.

Au delà de la chapelle de la Vierge : sous une arcade, tombeau (vers 1220) dit de l'évêque Maurille, en réalité de l'archevêque Hugues († 1170); *vitrail* du début du XIIIe s. signé : *Clemens vitrarius Carnotensis me fecit; tombeau du cardinal de Bonnechose*, avec sa statue en marbre, par Chapu, et la statue en bronze de la France chrétienne, par Carlus; tombeau moderne de Henri Court-Mantel, roi d'Angleterre et duc de Normandie, inhumé dans la cathédrale en 1184; inscription moderne commémorative de l'impératrice Mathilde dont les restes ont été transférés ici de l'abbaye du Bec; *vitraux* du XIIIe s. : l'Enfance du patriarche Joseph et la Légende de St Julien l'Hospitalier qui a inspiré le conte de Flaubert.

CROISILLON G. — La rose a conservé sa vitrerie du XIVe s. De part et d'autre de la porte, des statues du XIVe s., figurent l'Annonciation; l'arbre de Vie est figuré par un pommier où apparaît une femme à longs cheveux et queue d'écureuil. Dans le dallage sont encastrées plusieurs pierres tumulaires, en partie effacées, parmi lesquelles celles de Jean de Bayeux, archevêque de Rouen au XIe s., et du chanoine Denis Gastinel, un des juges de Jeanne d'Arc. Sur l'autel de la chapelle qui occupe l'angle du croisillon, magnifique **Pieta* sculptée en 1591 par Eustache Desplanches.

Dans l'angle, on voit un *bel escalier de pierre*, de style flamboyant : la 1re volée fut exécutée en 1480 par Guillaume Pontifz sur l'ordre du cardinal d'Estouteville; elle aboutit au trésor (ci-après), ancienne bibliothèque du chapitre. Les 2 autres volées sont un pastiche très réussi du XVIIIe s.; elles aboutissent à l'ancienne salle des archives.

Le *trésor* (visible de 14 h. à 17 h.; 1 fr.) renferme de belles tapisseries d'Aubusson, du XVIIe s., qu'on expose dans la nef pour les grandes cérémonies; on y voit encore : un lutrin en fer du XIIIe s.; la châsse ou Fierte Saint-Romain du XIVe s. mais presque entièrement refaite de nos jours (*V.* p. 34); un autre reliquaire du XIVe s., bien conservé; la boîte de plomb qui contint jusqu'en ces derniers temps le cœur de Richard Cœur-de-Lion; de beaux crucifix, en bronze ou en ivoire, des XVIIe et XVIIIe s., des livres manuscrits et ornements liturgiques.

Au pied de l'escalier, une porte donne dans la sacristie paroissiale aménagée dans ce qui reste de l'ancien cloître qui appartenait au plus pur style du XIIIe s.

BAS-CÔTÉ G. en venant du transept. — 1re travée, chapelle Sainte-Anne : *tombeau de Guillaume Longue-Epée*, duc de Normandie, fils de Rollon, mort assassiné en 943, avec belle *statue du début du XIVe s. — 2e travée, chapelle Saint-Nicolas : autel du XVIIe s. et belle grille de fer forgé, du XVIIIe s. —

4e et 5e travées : restes de vitraux du XIVe s. — 6e travée, chapelle Saint-Sever : autel de 1724, consacrée au Sacré-Cœur, remontant presque à l'origine de cette dévotion ; *vitrail* du XIIIe s. représentant la vie de St Sever, évêque d'Avranches (c'est, avec celui de la chapelle suivante, le plus ancien vitrail de la cathédrale) ; dans le panneau inférieur (XVe ou XVIe s.), scènes de la Passion. — 7e travée, chapelle St-Jean : vitrail du XIIIe s. (vie de St-Jean-Baptiste) à sa partie supérieure, du XVe ou XVIe s. à sa base ; tableau de la Descente de croix, par *Jouvenet* (XVIIe s.). — 8e travée : restes de vitraux du XIVe s. — La salle basse de la tour Saint-Romain a été, de nos jours, transformée en baptistère ; les fonts ont un très beau couvercle moderne en fer forgé.

Au chevet de la cathédrale, l'**archevêché** (on ne visite qu'avec une permission spéciale de l'archevêque ; s'adresser rue Saint-Romain, no 1), compose, avec la cathédrale le plus grand ensemble de ce genre qui soit en France, avec la cathédrale et l'ancien évêché d'Albi. Il fut édifié au XVe s. pour les cardinaux d'Estouteville et Georges Ier d'Amboise, et remanié au XVIIIe s. Appuyés au chevet de la cathédrale, ces bâtiments reviennent en retour d'angle par la rue des Bonnetiers, où se trouve le grand *portail* d'entrée, construit sous Louis XIV et attribué à Mansart. Ils offrent sur la rue de la République, une puissante façade d'aspect presque militaire.

A l'intérieur, cour d'honneur et jardin ; la façade vis-à-vis l'entrée, en stuc, est un placage de 1786 ; celle qui donne sur le jardin est de 1737 ; salle des États, du XVe s., mais entièrement rhabillée, sous Louis XVI, de magnifiques boiseries dues à Mgr de La Rochefoucauld et encadrant 4 grands *tableaux de *Hubert Robert*, représentant Rouen, le Havre, Dieppe et Gaillon ; l'assemblée des Notables, présidée par Louis XIV, siégea dans cette salle, en 1650 ; chapelle de 1716 construite par Mgr de Saulx-Tavannes ; belles caves du XIIe et vaste cuisine du XVe s., voûtée d'ogives, avec pilier central.

*
* *

L'***église Saint-Ouen** (Pl. D2 ; p. 25), une des plus belles productions du style gothique rayonnant, fut élevée sur l'emplacement d'une église romane dépendant d'une abbaye très ancienne, reconstituée par St Ouen, au VIIe s. Le monument actuel fut commencé par le chœur, en 1318, par l'abbé Jean Roussel, dit Marc d'Argent; le chœur et les murs du transept étaient achevés à sa mort (1339). L'architecte Alexandre de Berneval († 1440) reprit les travaux au XVe s. et son fils Colin lui succéda; la nef fut terminée par l'abbé Boyer († 1519) sauf la grande façade qui fut élevée de 1846 à 1851, par l'architecte Grégoire. L'œuvre moderne est visiblement inférieure à l'ancienne. A la naissance du pignon, six niches abritent les statues, de la plus complète fantaisie, de Clotaire Ier, de Richard Ier et Richard II, ducs de Normandie, de la reine Mathilde, de Philippe le Long et de sa femme, bienfaiteurs de l'ancienne abbaye; les deux tours sont, avec leurs flèches, hautes de 76 m. — Dans le croisillon S. s'ouvre, le beau **portail des Marmousets*, du XIVe s.; les sculptures du tympan figurent l'Assomption de la Vierge, son Ensevelissement et sa Glorification. Il est précédé d'un porche à 2 clefs pendantes, du début du XVe s., que surmonte une salle des archives ou chartrier. Au-dessus se voit la magnifique rose qui éclaire le transept. — La **tour centrale*, haute de 82 m., est de style flamboyant. Elle est flanquée en ses angles de 4 tourelles et se termine par une couronne de pinacles aigus, d'où son autre nom de tour Couronnée. Un beffroi en charpente y supporte les cloches, dont l'une de 4,000 kilog., fondue vers 1700. Du square on peut admirer la belle abside de l'église, avec ses contreforts, ses pinacles et ses chapelles rayonnantes. Sur le flanc N. de l'édifice, près du transept, on voit une absidiole surmontée d'un étage où est une salle dite la chambre des Clercs : c'est le seul vestige de l'église romane qui précéda l'église actuelle.

L'intérieur date, pour le chœur, du XIVe s. et, pour la nef, du XVe s. L'ensemble donne une grande impression d'unité et les proportions sont fort

Cl. Messageries Hachette

Couronnement
de la tour de Beurre.

Cl. Cavé-Breyne

Portail
de la cour des Libraires.

Cl. Cavé-Breyne

Escalier
des Libraires.

Cl. Messageries Hachette

Tombeau
des cardinaux d'Amboise.

belles; toutefois, par la logique même des conséquences auxquelles l'art gothique aboutit, par l'effet du parti pris avec lequel on a raidi les supports et ajouré les murs, la construction a quelque chose de maigre et de presque métallique qui frappera tout de suite le visiteur. Le vaisseau a une longueur de 137 m. et une hauteur de 33.

Au bas de la nef, bénitier de marbre où l'église se réfléchit comme dans un miroir. Buffet d'orgue de 1630. Des vitraux des XIVe s. (chœur), du XVe s. (transept) et XVIe s. (nef) garnissent la claire-voie et les fenêtres hautes; celles-ci sont ornées de grandes figures d'un effet superbe : à g. personnages de l'Ancien Testament, prophètes, sibylles; à dr., personnages du Nouveau Testament et saints locaux (Lô, Vast, etc.). Vitraux du XVIe s. et belle rose du portail des Marmousets avec vitrail représentant l'Arbre de Jessé. — Le chœur est entouré d'une admirable *grille, de fer forgé, du XVIIIe s.; les stalles sont de 1615; les fenêtres des chapelles rayonnantes sont fermées de vitraux du XIVe s. représentant la vie des saints en honneur à Saint-Ouen.

S'adresser au sacristain (rémunération) pour visiter le déambulatoire. La plupart des chapelles sont également ornées de *vitraux* anciens. Chapelle absidale : tombeaux modernes de Nicolas de Normandie, fils de Richard II et oncle de Guillaume le Conquérant, et de l'abbé Jean Roussel, dit Marc d'Argent, 23e abbé; — chapelle Sainte-Cécile : retable en bois sculpté, du XVIIIe s., avec statue de Ste Cécile; tombeau d'Alexandre de Berneval († 1440) et de son fils, maîtres de l'œuvre de l'église au XVe s. — Au croisillon g., tableau de la Visitation, par *Deshayes*. A la 1re travée du bas-côté g. en venant du transept : tableau de la Multiplication des Pains, par *Hallé*.

La sacristie est ornée de boiseries de 1690 et conserve 3 beaux pilastres en bois sculpté du XVIe s.

Pour l'ascension de la tour centrale, s'adresser au sacristain (rémunération). Visite des cloches et belle vue de la plate-forme terminale (82 m.).

* * *

L'***église Saint-Maclou** (Pl. C3; p. 23; fermée de midi à 14 h.), commencée en 1437, terminée dans les premières années du XVIe s., est un des plus riches spécimens du style flamboyant. Pierre Robin, maître-maçon du roi, en donna les plans. Les libéralités des deux cardinaux d'Amboise en permirent l'achèvement et le second consacra l'église en 1521. Elle est dédiée à Saint-Maclou (ou Saint-Malo), évêque du diocèse d'Alet (auj. Saint-Servan) au VIe s. Le *clocher*, qui a remplacé une ancienne flèche de bois et plomb qu'il avait fallu abattre en 1735, a été exécuté en 1868-1870, par Barthélemy père; la pointe de la flèche est à 82 m. Le dégagement de l'église a été achevé en 1930.

La façade est précédée d'un *porche* à cinq baies en arc brisé, surmontées de gâbles aigus. Sous ce porche s'ouvrent 3 portes dont deux ont de magnifiques **vantaux* de la Renaissance. A la porte g., dite porte des Fonts, ces vantaux faussement attribués à *Jean Goujon*, offrent la Légende du Bon Pasteur et des allégories des Quatre Saisons. Sur la porte centrale sont figurés la Circoncision et le Baptême du Christ; au-dessus, 8 statuettes symboliques. Le revers de ces portes est également sculpté. Au tympan de la porte principale, médiocre *bas-relief* du Jugement dernier. — Sur le flanc g. de l'église, rue Martainville, la porte du transept offre 2 *vantaux* de même époque et de même style que les précédents.

L'intérieur, aux lignes pures, est tout en hauteur : il se compose d'une nef de 3 travées, flanquée de 2 bas-côtés, d'un transept surmonté d'une très belle tour-lanterne, d'un déambulatoire et d'un chœur qui offre la rare particularité d'avoir une abside à 4 pans. — Le *buffet d'orgues* est de 1521; le balcon de la tribune, avec figurines des Arts libéraux, est supporté par deux colonnes en marbre noir, avec chapiteaux de marbre blanc, œuvre de *Jean Goujon*; la charmante spirale de l'**escalier* de style flamboyant a été construite de 1510 à 1528 par P. Gringoire. — Le transept a conservé de superbes **vitraux* de la Renaissance : au croisillon g., Arbre de Jessé, sur fond bleu; au croisillon dr., le Crucifiement. Des grisailles se voient aux chapelles du déambulatoire. D'autres vitraux fort beaux ornent les fenêtres supérieures du chœur, figurant notamment St André, et la grande rose. — Dans la chapelle absidale, belles boiseries Louis XIII encadrant de bons tableaux contemporains. Dans la 3e chapelle g. du pourtour, 4 beaux confessionnaux sculptés du XVIIIe s. et 2 torchères en bronze Louis XV; le croisillon S. a un bel autel du XVIIe s.; le chœur a reçu, sous Louis XV, une décoration complète : pilastres, autel, gloire et poutre de gloire de la plus grande richesse; chaire de 1621,

*
* *

L'**église Saint-Vincent** (Pl. B2; p. 15), célèbre par ses vitraux, a une nef du début du XVe s.; le transept fut construit par Pierre Le Chynerre de 1472 à 1480 et le chœur par Guillaume Touchet de 1511 à 1535. Le portail principal, attribué à Ambroise Harel, est précédé d'un porche élégant, surmonté d'une balustrade; le tympan est orné d'un bas-relief mutilé représentant l'Ascension. Le portail latéral S., de 1515, a été restauré; il a des vantaux de la Renaissance, provenant de l'ancienne église détruite de Saint-André-aux-Febvres : deux panneaux représentent la Pêche miraculeuse et la Vocation de St Pierre. La tour est inachevée.

A l'intérieur, on remarque l'élégance du chœur, beaucoup plus élevé que la nef; une gracieuse claire-voie court sous les fenêtres; magnifiques ***vitraux** de la Renaissance. Ce sont :

BAS-CÔTÉ DR. : au-dessus de la porte du portail latéral, vitrail du Jugement dernier. — Dans la grande chapelle latérale au chœur : 3 vitraux des plus beaux : 1° vitrail des Chars, de 1515, figurant le Triomphe de la Vierge (l'innocence, le péché, le pardon); 2° Vie de Ste Anne; 3° les Vertus. Dans la même chapelle, très belles **boiseries* de la Renaissance. — Aux deux travées suivantes, avant la chapelle absidale : Martyre de St Vincent, et Vie de Jésus-Christ.

CHAPELLE ABSIDALE : Vitrail du Crucifiement, restauré.

BAS-CÔTÉ : G. Au pourtour du chœur; 2 vitraux de la Vie de Jésus-Christ. — Chapelle terminale du bas-côté : au fond, vitrail des Œuvres de Miséricorde, signé d'*Engrand Le Prince* et de son fils Jean, de 1530 env.; vitraux de St Jacques, St Vincent, St Nicolas, St Jean-Baptiste, Ste Anne, des deux Le Prince (1525); vitrail de St Antoine de Padoue : pour convaincre un incrédule, il fait adorer l'hostie par un âne. — Au-dessus de la porte N., attributs de la Passion (1585); au-dessus, Arbre de Jessé de 1506, provenant de l'église Saint-Godard.

En revenant vers la façade on voit ensuite un vitrail moderne (1884) représentant la Vie de Jeanne d'Arc; un vitrail de Jean Le Prince représentant, en 2 registres de grandes figures, l'Annonciation et la Glorification de la Vierge. Au fond du 2e bas-côté, un vitrail entièrement refait en 1875 représente le combat de Gédéon ; à g., au fond du 1er bas-côté, vitrail du Jugement dernier, début du XVIe s.

On remarque encore dans l'église : la riche décoration appliquée au XVIIIe s. contre les piliers du chœur; le maître-autel, de 1750, avec anges adorateurs, par Caffieri; les boiseries du déambulatoire, du XVIIe s., les stalles et le buffet d'orgues, du XVIIIe s.; la dalle tumulaire de Geoffroy de Réaume, maire de Rouen († 1369). Des tapisseries de la Renaissance et du XVIIe s. sont conservées à la sacristie et exposées les jours de fête.

* * *

L'**église Saint-Patrice** (Pl. B1; p. 28) fut bâtie vers 1535 dans le style flamboyant. Le portail refait de nos jours a de médiocres sculptures.

L'intérieur est simple et élégant; la nef est portée par des colonnes ornées d'une imposte circulaire; il n'y a pas de transept, mais le chœur a de doubles bas-côtés qui le distinguent de la nef et, de chaque côté, le collatéral attenant à l'abside est terminé par un mur droit tandis que l'autre est terminé par une absidiole à 3 pans. Les **vitraux*, malheureusement très restaurés, qui font la renommée de l'église, ont été exécutés de 1538 à 1625, sous François Ier, Henri II et Louis XIII. Ils sont mêlés à des vitraux modernes sans valeur.

NEF. — Buffet d'orgue sculpté et stalles du XVIIe s. Chaire de la Renaissance, provenant de Saint-Lô.

BAS-CÔTÉ DR. — 1re travée : vitrail de la vie de St Jean-Baptiste, 4 sujets du haut anciens; les 4 derniers sujets, par Cabas, ont été exécutés à Sèvres, en 1839; 2e travée : Nativité du Christ (haut du vitrail ancien, 3 panneaux du bas modernes) et Adoration des Mages (moderne). 4e travée : Visitation, Compassion et Histoire de Job (vitrail ancien). — Chapelle de la Passion, à 2 nefs : la fenêtre de g. est moderne, ainsi que les 3 fenêtres de l'absidiole. Les 3 fenêtres latérales sont anciennes, sauf le bas du 3e vitrail, et fort belles : fenêtres de dr. (1re), la Femme Adultère (1549) provenant de Saint-Godard; fenêtre du milieu (2e), Scènes de l'Ancien et du Nouveau Testament; fenêtre de g. (3e), les œuvres de Miséricorde : la Justice et la Vérité s'embrassant. Dans cette même chapelle, tableau de la Passion, de l'*école de Bassan*, et *Ste Justine, par *Mignard*, à dr. du confessionnal.

CHŒUR. — Stalles du XVIIe s. Baldaquin en bois doré et autel du XVIIe s.; de chaque côté, 2 bas-reliefs en stuc. Les 3 vitraux de l'abside sont magnifiques. Au centre : le Crucifiement (bordure datée de 1743); vitrail de g. en haut, le Baiser de Judas, puis Jésus devant Pilate, Jésus flagellé, le Portement de Croix et Ste Véronique; vitrail de dr.; sujets symboliques, parmi lesquels on distingue, en bas, l'Arbre de la Science, au-dessus l'Agneau pascal, la Pâque, le *Regina Cœli lætare*, la Résurrection.

BAS-CÔTÉ G. — Immédiatement à g. de l'abside, vitrail symbolique exécuté sous Charles IX et figurant, sur un char, le Triomphe de la loi de Grâce; en bas, les Démons; à g., Adam et Ève. La chapelle voisine est garnie, aux 3 fenêtres de l'absidiole et à ses 3 fenêtres latérales, de vitraux anciens représentant des vies de saints; seule la 7e fenêtre, celle du bas, est moderne; 1re fenêtre latérale attenant à l'absidiole, Vie de St Louis (1583); 2e fenêtre latérale, Légende de St Hubert (1543); 3e fenêtre latérale : Annonciation (1538). Dans cette chapelle, St Pierre guérissant un boiteux, réplique ancienne d'un tableau de *Nicolas Poussin*, à dr. du confessionnal, près de l'absidiole.

Les 3 fenêtres suivantes, au bas-côté proprement dit, ont également des vitraux anciens, 1re travée, en venant de la chapelle précédente : Martyre de Ste Barbe (1540); 2e travée, Légende de St Patrice; 3e travée, Histoire de Job, provenant de l'église Saint-Godard.

L'église Saint-Godard (Pl. C 1-2; p. 28), est un édifice gothique des XVe-XVIe s. Sa tour carrée appartient au style de la Renaissance; elle est inachevée.

Deux files de minces colonnes séparent la nef des bas-côtés; les trois vaisseaux sont couverts chacun d'un lambris en berceau brisé de 1617; de belles torchères en fer forgé, de la fin du XVIIe s., sont scellées dans les colonnes.

BAS-CÔTÉ DR. — Beau confessionnal du XVIIe s., en bois sculpté, et petite chaire sculptée Louis XIII. A la chapelle de la Vierge, en haut du bas-côté dr., cénotaphe, avec statues de marbre, de Charles et Pierre de Becdelièvre. l'un, colonel sous Louis XIII, l'autre, président de la Chambre des Aides de Normandie; très beau **vitrail* terminal de 1506, figurant l'Arbre de Jessé. A côté, beau *vitrail* latéral, de la Vie de la Vierge, dont 6 panneaux sont anciens.

CHŒUR. — Peintures murales par *Le Hénaff*, figurant le Sacerdoce chrétien, prédit, exercé et transmis.

BAS-CÔTÉ G. — A la chapelle Saint-Romain, en haut du bas-côté g., **vitrail* terminal de 1555. Vie de St Romain. Le vitrail latéral représente les Apparitions évangéliques; il a 7 panneaux anciens et 2 modernes (ceux de g. des 1er et 2e rangs).

Sous cette chapelle s'étend une crypte très ancienne, refaite au XVIe s., où furent inhumés St Godard, au Ve s., et St Romain, au VIe.

L'**église Saint-Romain** (Pl. C1; p. 29), dédiée à St Romain, patron de Rouen, est l'ancienne chapelle du couvent des Carmes, bâtie de 1676 à 1730; le dehors, très pauvre, ne fait pas pressentir les élégantes proportions de l'intérieur. La tour, en plomberie, a été refaite en 1877.

Décoration blanc et or, avec pilastres de marbre rouge. La coupole centrale est ornée de fresques modernes, de *Dupuy-Delaroche*, figurant des épisodes de la vie du saint. Sous le maître-autel moderne, tombeau (VIIe s.), de St Romain, en marbre rouge, provenant des carrières de Thorigny (Calvados). En haut du bas-côté dr., magnifique couvercle en bois des fonts baptismaux, de la Renaissance, avec bas-reliefs figurant la Passion; il provient de l'ancienne église Saint-Étienne-des-Tonneliers. Dans la potence qui le surmonte, la Résurrection. De nombreuses fenêtres sont garnies de *vitraux* anciens, la plupart de la Renaissance, et provenant d'églises disparues. Au croisillon dr. : Baiser de Judas; au bas-côté dr., après le transept : Job; au bas-côté g. : Jésus enchaîné. Beaux confessionnaux du XVIIe s. engagés dans des boiseries de la même époque; buffet d'orgues du XVIIIe s. Nombreux tableaux des XVIIe et XVIIIe s.

La *chapelle du lycée* (Pl. D3; p. 30; pour visiter, s'adresser au concierge) est l'ancienne église des Minimes dont la première pierre fut posée par Marie de Médicis (1614); elle fut achevée en 1656. Au portail, qui ne date que de 1704, statues de Charlemagne et de St Louis.

L'intérieur, encore voûté d'ogives, offre des dispositions fort originales; une vaste tribune occupe chacun des angles de la croisée du transept. On y remarque un Christ en croix, par Jouvenet; dans une chapelle à g., *mausolée* en marbre du cardinal de Joyeuse.

Parmi les églises modernes en plus de celle de Bonsecours décrite p. 68, citons l'église Saint-Jean-Eudes, au quartier des Sapins, achevée en 1929, œuvre de l'architecte Robert Danis.

LES MUSÉES

Le ***musée des Beaux-Arts** (Pl. G1-2, p. 28), un des meilleurs musées de France, occupe un vaste édifice moderne, construit par Sauvageot. La façade offre un pavillon central, avec dômes ; à l'entrée, statues assises du peintre Nicolas Poussin, par Hiolle, et du sculpteur Michel Anguier (XVIIe s.), par Tournois. Elle est décorée, ainsi que les faces latérales, de bustes d'artistes normands : Géricault, Lasne, Restout, Court, Jouvenet, Descamps, Lemonnier, Pesne, Houel. Aux deux pavillons d'angle, frontons de Bartholdi : Architecture et Sculpture. La partie postérieure de l'édifice abrite la bibliothèque (p. 61).

Le musée des Beaux-Arts, fondé sous Napoléon Ier en 1801-1809, installé dans le monument actuel en 1880 contient un millier de tableaux, des diverses écoles anciennes et modernes, et des œuvres de sculpture surtout modernes. La collection de céramique est capitale pour l'art de la faïence rouennaise.

Le musée a été, ces années dernières, l'objet d'une réorganisation complète à peu près terminée au début de 1930 ; des changements sont encore possibles dans les salles de peintures de l'étage ; on doit d'autre part transférer à l'aître Saint-Maclou la collection de céramique, ce qui conduira à de nouveaux aménagements.

Le musée, fermé le lundi, est ouvert les autres jours de 10 h. à 12 h. et de 13 h. 30 à 17 h. du 1er avril au 30 sept.; de 10 h. à 12 h. et de 13 h. 30 à 16 h. du 1er oct. au 31 mars. Entrée gratuite les jeudis, dim. et jours fériés, 2 fr. par pers. les mardis, mercredis, vendredis et samedis. Conservateur M. Guey.

Rez-de-chaussée. — Vestibule : statue d'Alexandre Dumas père, par *Gustave Doré.*

AILE DROITE (**peinture ancienne**) — GALERIE DE SCULPTURE : *Guilloux,* Orphée expirant; *Etex,* statue funéraire du peintre Géricault avec bas-relief figurant le Radeau de la Méduse; *David d'Angers,* statue tombale de Bonchamp (l'original est dans l'église de Saint-Florent-le-Viel (Maine et-Loire); au milieu de la salle : **Caffieri,* statue de Pierre Corneille. — Peintures; *Lahire,* Ste Anne instruisant la Vierge; *Jouvenet,* Présentation au temple; *Lawrence,* miss Croker; *Bonington,* Marché dans un décor gothique; *Bertin,* paysage; *Martin,* vue de Rouen vers 1700. — En haut de l'escalier, belle exposition de dessins français des XVIIe et XVIIIe s. : *Vouet, Le Sueur, Le Brun, Jouvenet, Vincent, Greuze, Fragonard, C.-N. Cochin, Moreau le jeune, Joseph Vernet;* portrait de Samuel Bernard, par *Vivien.*

SALLE I : curieuses portes peintes du XVIIe s. provenant d'une maison de Rouen; meubles de la Renaissance; — *Lahire,* Descente de Croix; *Jouvenet,* Ascension, Vision de Ste Thérèse (esquisse), portrait du chanoine J. de Séraucourt; *Stella,* Ste Anne conduisant la Vierge au temple; — Ste Barbe, statue polychrome du XVe s.

SALLE II : Boiseries Régence provenant d'un ancien séminaire de Rouen; fauteuils de la même époque; *De Troy,* Duchesse de la Force. — Dans la petite salle qui suit : *Martin,* 4 tableaux relatifs à la prise de Belgrade par le prince Eugène; *Jouvenet,* Isaac et Jacob; *Voiriot,* Fontenelle.

SALLE IV : Boiseries Louis XV peintes en vert; — COLLECTION HÉDOU (meubles, tableaux et dessins français des XVIIe et XVIIIe s.) : *Natoire,* Cléopâtre à Tarse, esquisse du tableau du musée de Marseille; *Lagrenée,* Triomphe de Bacchus; *Lancret,* Baigneuses, Société dans un parc; *Coypel,* projet de plafond, esquisses; *De Troy,* Suzanne et les vieillards; *Tournières,* Daguesseau, portrait de jeune fille; *Deshays,* Charité romaine; *Voiriot,* Miromesnil; *Restout le Jeune,* portrait d'un chartreux; dessins de *Gabriel Lemonnier, Restout, Joseph Vernet.*

SALLE VI (COLLECTION GÉRUS) : *Doyen,* Crébillon; *Descamps,* son portrait; *Moreau le Jeune,* Château de Madrid; dessins de *Boissieu, Greuze, Huet.*

SALLE VII : Boiseries et meubles Louis XVI; *Vien,* 2 esquisses; *Vincent,* portrait du peintre Houel; *Fragonard,* Songe de Plutarque; *Hubert Robert,* vue de la Roche-Guyon, grotte du Pausilippe, paysage composé.

SALLE VIII (de dr. à g.) : *Hubert Robert*, Ruines; *Tournières*, l'Automne; *Fragonard*, Débarquement de Cléopâtre; *Ducreux*, son portrait en officier; **Aved* (?), portrait d'homme en habit rouge; dessins de Watteau; *Carle Van Loo*, Vierge; — *Lemoyne*, buste de *Le Cat*; *Demachy*, Architecture; **Rigaud*, Louis XV; *De Troy*, Assomption, Ascension, Nunc dimittis; *Lagrenée*, Horace frappant sa sœur; *Oudry*, Chasse; *Natoire*, Guerrier; *Descamps*,

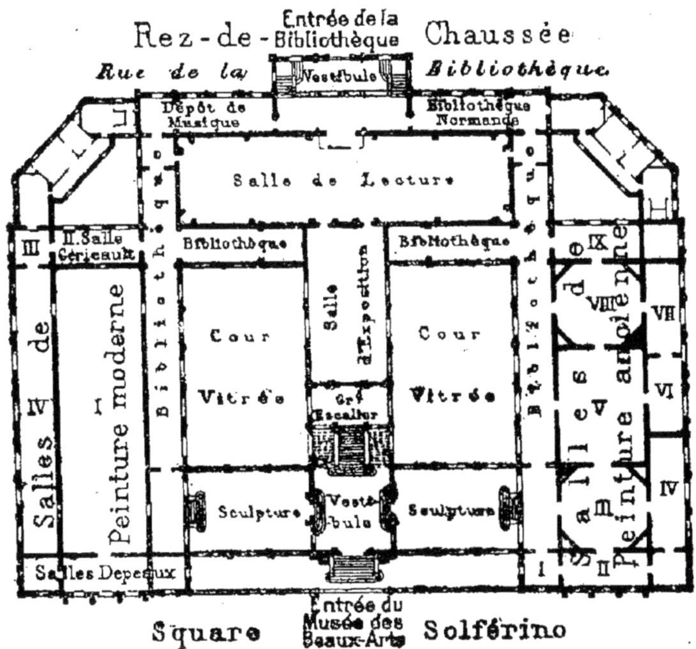

son portrait; *Hubert Robert*, Marine, Cascade; *Vien*, tête de vieillard; **Pesne*, portrait de sa fille; *David* (?), jeune garçon; *Tournières*, l'Été.

SALLE V (de dr. à g.) : *Le Sueur*, Songe de Polyphile; **Véronèse*, Vision de St Sébastien; *Ribera*, Zacharie; *Herrera*, Vision de St Jérôme; **Gérard David* (1509), la Vierge et l'Enfant entourés d'anges et de saintes; *Velasquez*, Pablillos, fou de Philippe IV (l'homme à la mappemonde); *Guerchin*, Visitation; **Ecole de Fontainebleau*, Bain de Diane; **David*, portrait dit de Mme Vigée-Lebrun; **Ribera*, le Bon Samaritain; **Poussin*, St Denis; *Palma*, Ecce Homo; *Van Dyck (?), Crucifix; **Rubens*, Adoration des bergers; *Caravage*, un Philosophe; *P. Lely*, Henriette de France; **Véronèse*, Miracles de St Barnabé; *J. Jouvenet le Jeune*, son portrait; **Poussin*, Vénus et Enée.

SALLE III (de dr. à g.) : *Delafosse*, Lever du Soleil; *Mignard*, Mme de Maintenon; *Jouvenet*, 12 tableaux (répartis tout autour de la salle), répétitions de ses peintures pour le Dôme des Invalides; **Ecole française du XVII*e s., portrait de Saint-Ciran; **Lahire*, Nativité; **Largillierre*, portrait présumé de l'avocat Patru; *Monnoyer*, Enfants et fleurs; **Anonyme*, Thomas Corneille; *Patel*, Printemps; **Jouvenet*, Mort de St François; *Mignard*, Corneille; *Patel*, Été; **Jouvenet*, Mort de St François; *Mignard*, Ste Famille; *Largillierre*, portrait d'homme; *Rigaud*, Fontenelle; *Delafosse*, Couronnement de la Vierge; *Mignard*, Ecce Homo.

On revient au vestibule.

Aile gauche **(peinture moderne)** — Galerie de sculpture : *Bernstamm*, buste de Flaubert (marbre); *Mansion*, Nymphe chasseresse (1817); **Leroux*, Rachel; *Le Harivet-Durocher*, la Jeune fille et l'Amour; *Chapu*, Monument à Flaubert, d'abord placé dans le square Solférino. — Sur la balustrade *Romagnesi*, buste de Fontenelle (1819). — En haut de l'escalier : *Marce Baschet* Femme en bleu; dessins de *Delacroix*, *Troyon*, *Dauzats*.

Salles Depaux (à g.) : Tableaux de *Delattre*, *Pinchon*, *Ottmann*, *Sisley*, *Claude Monet*, *Guillaumin*, *Raffaelli*, *Renoir*, *Lebourg*.

Salles III et IV : Ces salles contiennent une importante collection d'œuvres de *Jacques-Emile Blanche*, notamment une série de beaux portraits de personnalités marquantes de la littérature contemporaine; en outre : *Lucien Simon*, portrait de J.-E. Blanche; *Helleu*, le port de Deauville; *Forain*, pastel.

Salle I (de dr. à g. en partant du petit côté de l'entrée) : *Cormon*, les Vainqueurs de Salamine; *Fromentin*, Moisson en Provence; *Bonnat*, portrait; *Ziem*, Stamboul; *Troyon*, Vaches à l'abreuvoir; *Brascassat*, Chèvre; *Rosa Bonheur*, Cheval; *Flameng*, les Vainqueurs de la Bastille; *Roybet*, tête de jeune homme; *Ziem*, esquisse; *Luminais*, Guerriers gaulois; **Géricault*, plusieurs études dont Tamerlan, cheval de Napoléon; *Loubon*, Razzia; *Thomas Couture*, portrait de M. Berger. — De part et d'autre de la salle, belles colonnes provenant de l'ancien jubé de la cathédrale. — *Court*, portrait de Montferrand; *Ziem*, Trinquetaille; **Ingres*, la belle *Zélie*; *Boissard de Boisdenier*, Retraite de Russie; **Géricault*, portrait de Delacroix; **Paul Baudry*, portrait de M. Badin; — sur le petit côté du fond : *Bellangé*, portrait du père de Guy de Maupassant; *Daubigny*, Bords de l'Oise; **Delacroix*, la Justice de Trajan; *Daubigny*, Écluse dans la vallée d'Optevoz; — sur le grand côté en suivant : **Corot*, Ville-d'Avray; *J.-Fr. Millet*, portrait d'un officier de marine; **Corot*, Ville-d'Avray; **Géricault*, Cuirassier, Cheval arrêté par des esclaves; *Ribot*, Supplice d'Alonso Cano; *Courbet*, paysage; *Boudin*, Pêcheur; *Géricault*, Cheval, tête d'étude; *Court*, Jeune homme écrivant à Rome près d'une fenêtre; *Géricault*, Têtes de suppliciés; **Delacroix*, Saladin et le chevalier noir; chevaux; *Court*, portrait de Descamps; *Boulanger*, Supplice de Mazeppa; *Henri Regnault*, étude; *Court*, portrait du comte de Boissy d'Anglas; *Huet*, Rouen en 1831; *Luminais*, les Enervés de Jumièges; *Lebourg*, Notre-Dame de Paris; *G. Latouche*, le Champagne; *Roll*, portrait d'un chasseur (esquisse).

1er **étage.** — Escalier : au 1er palier, statue de **P. Puget*, Hercule terrassant l'hydre de Lerne, qui ornait une fontaine dans le parc du château de Vaudreuil; *fresque de *Puvis de Chavannes*, « Inter artes et naturam »; au 2e palier,

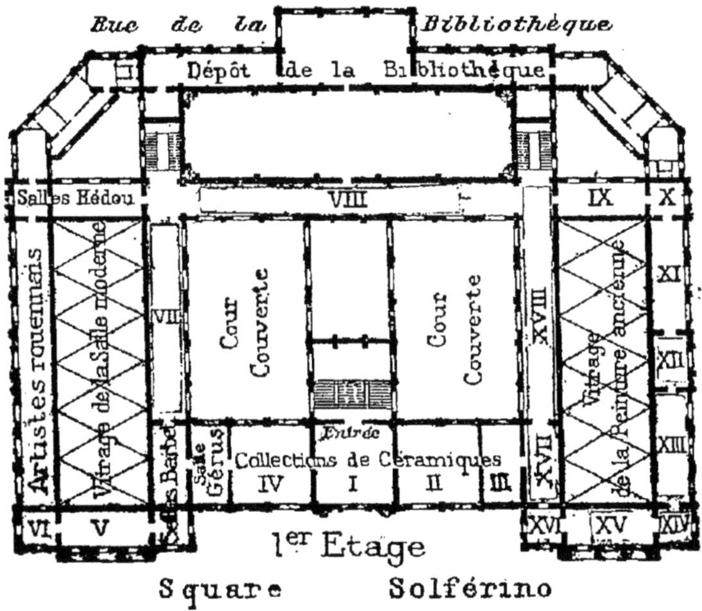

à dr. et à g. de l'entrée du musée, 2 panneaux du même artiste représentant la Poterie grossière et la Poterie artistique.

Le **musée de céramique,** un des plus riches d'Europe, a eu pour origine en 1864 l'acquisition de la collection des faïences rouennaises d'André Pottier, augmentée du don de l'abbé Colas († 1874). Les faïences sont groupées méthodiquement de sorte qu'une visite même rapide permet de suivre l'évolution de l'art rouennais depuis ses débuts (1550) jusqu'à son déclin (1800). De nombreux spécimens des autres fabriques françaises et des fabriques étrangères servent de termes de comparaison.

L'industrie de la faïence fut introduite à Rouen, au milieu du XVIe s., par Masséot Abaquesne, de Cherbourg, qui avait son atelier au faubourg Saint-Sever. On connaît surtout de lui de beaux carrelages. Son style imite celui des faïences italiennes; le décor est jaune, vert ou bleu sur fond blanc. Un siècle plus tard, avec Nicolas Poirel et Edme Poterat, ce sont les faïences de Nevers que Rouen imite, puis celles de Delft. A la fin du XVIIe s. apparaît enfin le vrai style de Rouen, fait de motifs empruntés à la broderie, à la dentelle, à la marqueterie, et disposés généralement d'une façon rayonnante; le bleu domine. Vers 1700 apparaissent des compositions polychromes qui mêlent des sujets hollando-chinois à des bordures rouennaises. Le second quart du XVIIIe s. produit des figures en ronde bosse qui témoignent de l'habileté consommée des artisans; la figure humaine s'ajoute aux motifs purement décoratifs; au milieu du siècle on reproduit, par imitation directe, les modèles chinois; puis vient le style rocaille avec les décors à *la corne* ou *au carquois* qui persisteront jusqu'à la fin du siècle; vers 1775, on imite les semis de fleurs des porcelaines de Saxe. Les quinze dernières années du siècle virent la décadence rapide de la faïence rouennaise concurrencée par les produits moins coûteux de l'industrie anglaise.

SALLE I : globe terrestre et globe céleste, peints par Pierre Chapelle en 1725, avec, sur les pieds, les Quatre Saisons et les Quatre Éléments. Au milieu, intéressante vitrine de bijoux normands (XVIIIe s.) offerts par Léon Brière. Les faïences exposées dans cette salle appartiennent à l'apogée de la fabrication rouennaise : c'est le triomphe du décor rayonnant (1er quart du XVIIIe s.).

SALLE II : apogée de la céramique rouennaise (chinoiseries; décor à la corne (1750-1775); décor à la corne et au carquois (Louis XVI); faïences de Strasbourg.

SALLE III : Assiettes de l'époque révolutionnaire (Nevers et Strasbourg). Revenir sur ses pas et traverser la 1re salle.

SALLE IV : sur le sol, beau carrelage de l'atelier de Masséot Abaquesne; faïences de Rouen, du XVIIe s.; célèbre violon de Delft; faïences de Nevers, de Moustiers et imitations des faïences de Palissy.

SALLE BARBET (à la suite) : en face de l'entrée : **Rubens*, allégorie; *Van Dyck*, Tentation de St Jérôme; *Van der Meulen*, Halte de soldats; *Gérard de Lairesse*, 2 fêtes païennes (pendants); en se retournant vers l'entrée : *Ste Catherine de Sienne, très beau fragment de primitif français; *Riesener*, portrait d'homme avec un petit garçon; *Carolus Duran*, 3 portraits; très belle collection de pierres dures chinoises.

SALLES V et VI : Céramique de l'Asie Mineure, en particulier une très belle collection de faïences de Rhodes. — A la suite, galerie consacrée aux artistes rouennais d'aujourd'hui. — Revenir sur ses pas et retraverser la salle Barbet.

On parcourt les salles VII, VIII, IX et X qui ne contiennent que des peintures du XIXe s. sans intérêt.

SALLE XI : *Guardi*, Villa Médicis; *Van Vitel*, 2 vues de Rome; **Ecole du Primatice*, Diane de Poitiers; *J.-B. Tiepolo*, Reine de Saba; **Ecole du Pérugin*, prédelle d'un retable du Pérugin qui lui fut commandé en 1496 pour une église de Pérouse, représentant l'Adoration des mages, le Baptême et la Résurrection (la partie centrale de ce retable, représentant l'Ascension, est au musée de Lyon; le couronnement, représentant Dieu le Père et des anges, est à Saint-Gervais de Paris); *Bronzino*, portrait de femme; *Ecole de Botticelli*, Vierge (tondo); *Pinturicchio*, Vierge et adorateurs; *Solimène*, Colomb recevant les bulles du pape; coffre italien du XVIe s.

SALLE XII : Copies d'après Raphaël et Véronèse.

SALLE XIII : *Everdingen*, Mandoliniste; *Berghem*, Concert sur une place; *Cuyp*, intérieur d'église; *Van Mol*, tête de vieillard; *Th. de Keyser* (attribué), Leçon de musique; *Netscher*, Concert; *Steen*, Marchand d'oublies; *Van Goyen*; 2 marines; *Kalf*, 2 natures mortes; *Lely*, portrait de femme.

SALLE XV : *Martin de Vos*, Eliézer et Laban, Adieux de Rebecca.

SALLE XVII : *Boilly*, portrait de Boïeldieu, Scène de la vie de M. de Fontenay, maire de Rouen; *Canova*, buste de Napoléon.

La **bibliothèque municipale** occupe le revers du musée des Beaux-Arts. Elle comprend une salle de travail et une salle d'exposition.

Outre les heures d'ouverture de la salle de lecture, indiquées par une affiche, on visite l'exposition permanente de la Galerie des Estampes t. l. j., de 14 h. à 16 h., sauf les lundis et jours de fête. La bibliothèque est fermée pendant le mois d'août.

Dans l'escalier, peintures de *Paul Beaudoin*, représentant l'Histoire du Livre.

Les collections comprennent env. 200,000 volumes ou brochures; 4,500 manuscrits, dont près de 150 à miniatures, du XIe au XVIIe s.; 50,000 estampes; 4,000 médailles ou monnaies; 900 moulages de sceaux et les archives de la ville antérieure à 1800. Les incunables et impressions du premier tiers du XVIe s., dont plusieurs rarissimes, s'élèvent à près de 1,000. Le fonds Leber, acquis en 1800, est une superbe collection de livres à gravures des XVIIe et XVIIIe s., de curiosités bibliographiques et de reliures de luxe. Les manuscrits et livres précieux ne sont communiqués qu'aux personnes justifiant de titres scientifiques.

A signaler tout particulièrement : sept tablettes babyloniennes de la 3e dynastie d'Ur; deux manuscrits anglo-saxons : *Bénédictionnaire* (Xe s.) de l'archevêque Robert, qui a pu servir lors du couronnement des rois anglo-saxons et *Sacramentaire* ou Missel (XIe s.) dit de S. Guthlac; le *Livre d'ivoire* (XIe s.), recueil de vies de saints, relié avec deux plaques d'ivoire sculptées d'origine probablement byzantine (v[e] ou vi[e] s.); l'*Historia Normannorum* de Guillaume de Jumièges, copié par Orderic Vital (xiie s.); l'*Ovide moralisé* (xive s.); la *Consolation de la philosophie* de Boèce, exécuté au xve s. pour Charles II de Lorraine; la traduction d'*Aristote*, par Nicolas Oresme (xve s.); le *Décret de Gratien* exécuté (fin du xve s.) pour le cardinal d'Amboise; des *Heures flamandes* (xvie s.); le *Livre des Fontaines* (1525) de Jacques Lelieur, renfermant un précieux panorama de Rouen au début du xvie s. peint à la gouache; l'*Entrée de Henri II à Rouen* (xvie s.); le *Graduel de Daniel d'Eaubonne*, exécuté en 1682 pour l'abbaye de Saint-Ouen; les *Chroniques de Normandie*, impr. en 1487 par Guillaume Le Talleur; un *Missel* de Rouen, impr. sur vélin en 1499 par Martin Morin.

On visite la Galerie des estampes qui, en plus de dessins et d'estampes concernant Rouen, et d'une exposition de belles reliures, renferme un petit musée : réplique en carton et toile de la statue de *Voltaire assis*, par Houdon, provenant de son atelier et ayant figuré dans le cortège de la translation des restes de Voltaire au Panthéon en 1791 ; table (xviiie s.) avec appliques de cuivre ciselé; pendule (1782) à équation, cadran mobile et quantième; vases chinois et meubles en bois précieux d'Extrême-Orient donnés par l'amiral Cécille, etc.

*
* *

L'ancienne **église Saint-Laurent** (Pl. C2; p. 28); désaffectée en 1791, rachetée par l'État en 1894, a été restaurée en 1920. C'est un édifice de style flamboyant, construit de 1444 à 1554. La balustrade qui court au comble de la nef, sur le flanc g., est faite de lettres gothiques formant ces mots : POST TENEBRAS SPERO LUCEM (après les ténèbres j'espère la lumière). La tour, remarquable construction de style flamboyant, a été élevée de 1490 à 1501 ; elle a 37 m. de haut et se terminait autrefois par une flèche détruite en 1810.

Dans cette église a été installé le ***musée Le Secq des Tournelles** constitué par l'unique et merveilleuse collection de ferronnerie d'art rassemblée par Henri Le Secq des Tournelles († 1925) qui l'a léguée à la ville en 1920. Cette collection dont on ne peut donner qu'une faible idée, tant elle est riche de menus objets, exige plusieurs visites si on la veut bien connaître; à côté des pièces en fer forgé, il y a lieu d'attirer l'attention sur les objets en fer ciselé dont la beauté plus rare sera pour beaucoup de visiteurs une véritable révélation.

Le musée est visible t. l. j. de 10 h. à 12 h. et de 13 à 16 h. ou 17 h.; entrée 2 fr. Conservateur M. Paulme.

De chaque côté de la porte d'entrée, *statues d'Adam et d'Eve (XIIIe s.) provenant de la cathédrale. — Buste de Le Secq des Tournelles, par Robert Busnel.

NEF : vitrines renfermant des chandeliers, des mouchettes, des lanternes dont une lanterne magique, une superbe horloge du XVIe s. en fer et cuivre, des serrures et clefs du XVe s. et de la Renaissance, des coffrets du moyen âge, de la Renaissance et du XVIIe s. — Des enseignes à potence sont scellées dans les piliers.

CHŒUR : table en fer et 2 vases de fleurs Louis XV, fabrication française; curieuses statuettes dont une Vierge; robinets provenant de la fontaine de la Crosse; anneaux de porte provenant de la cathédrale de Saragosse (XVe s.); 3 lutrins du XVIIe s. dont un superbe provenant d'Amiens. — Contre les murs de l'abside, 3 grandes vitrines renfermant une magnifique collection de marteaux de portes. A g., superbe rampe d'escalier (XVIIIe s.) provenant de l'ancien château de Mme de Pompadour, à Bellevue.

BAS-CÔTÉ DR. : 2e travée : ustensiles de cuisine et crémaillères; 3e travée : serrures dont plusieurs tout à fait remarquables; 4e travée : balances, poids et mesures; 5e travée : *balustrade (France, XIIIe s.), grilles de parloirs et de fenêtres; cierge pascal provenant de Haguenau; 6e travée :*vantaux provenant de l'abbaye d'Ourscamps (XIIIe s.), enseignes à potence; 7e travée : Ecce Homo, statue en bois du XVe s.; dans une vitrine : petits coffres, boîtes, montres, navettes.

BAS-CÔTÉ G. : 1re travée en revenant vers la porte : beau retable en bois (Italie, XVIIe s.); 3e travée : enseignes et cachets; 4e travée : admirable collection d'enseignes en fer forgé ou repoussé; 5e travée : marteaux de portes; 6e travée : grilles, fourchettes, gaufriers.

GALERIE DE DR. : compas, ciseaux, étuis à ciseaux, pinces, marteaux, truelles cannes, boucles de ceintures et magnifique collection de châtelaines et breloques normandes.

Dans le passage qui réunit les deux galeries au revers de la façade : couteaux de table et de poche.

GALERIE DE G. : extraordinaire collection de cadenas, verroux, et marteaux de portes.

*
* *

Le *__musée d'antiquités__ (Pl. D1; p. 30) occupe le cloître et les bâtiments (1681-1691) d'un ancien couvent des Visitandines; il est ouvert t. l. j., sauf le mercredi, de 10 h. à 16 h. l'hiver, à 17 h. l'été; entrée 1 fr. C'est l'un des plus intéressants de France. Fondé en 1831, il a un caractère régional qui lui donne un intérêt tout particulier. Conservateur M. Allinne.

La porte d'entrée, du temps de Louis XIII, surmontée d'une statue de Diane, provient d'une maison de la rue de la Grosse-Horloge démolie en 1861. A côté, battant de la cloche Georges d'Amboise, jadis dans la tour de Beurre et brisée en 1793.

Dans le vestibule, inscriptions funéraires, pierres tombales, sépulcre du XVIe s.; bas-relief représentant les armes de France et provenant d'une porte du palais de Justice.

GALERIE I OU GALERIE COCHET : à dr. en entrant, très beau vitrail du XIIIe s. provenant de la cathédrale; les autres fenêtres sont ornées de vitraux, des XVIe s et XVIIe s. provenant d'anciennes églises de la région, notamment le vitrail (1543) de la corporation des orfèvres représentant St Éloi, et une suite de médaillons (1609) figurant *les mois* et provenant de l'église de Montigny.

Huit *statues d'apôtres du XIVe s. provenant de Jumièges et découvertes de nos jours devant le porche de l'église de Duclair.

Dans les vitrines : armes et bijoux mérovingiens; monnaies gauloises; dans la vitrine n° 25, remarquable collection d'étalons de poids et mesures de la région depuis le XVIe s. jusqu'au XVIIIe; dans la vitrine n° 28, orfèvrerie religieuse : *cristal de roche gravé représentant le baptême du Christ, travail byzantin du IXe ou du Xe s.; *croix reliquaire du XIIe s. donnée par l'impératrice Mathilde à l'abbaye de Valasse; très beaux reliquaires en émail de Limoges des XIIe et XIIIe s.; crosse émaillée du XIIIe s.; plaque émaillée byzantine du XIIe s. représentant le prophète Osée, une des plus curieuses pièces du genre, coupe émaillée de 1547 (Limoges); dans la vitrine n° 36, Vierges en ivoire des XIIIe, XIVe et XVe s.; olifant byzantin (XIe s.) en ivoire provenant de l'abbaye de Valmont; superbe statuette d'évêque en cuivre doré (XIVe s.); autres ivoires du XIIe au XVIe s.; *tau ou crosse d'abbé du

Cl. Messageries Hachette

Église Saint-Ouen : la Tour Couronnée.

XIIe s. provenant de Jumièges; *boîte à hosties byzantine (V^e^ ou VIe s.) représentant l'Adoration des mages.

2 groupes (scellés dans le mur) de 5 bas-reliefs anglais en albâtre polychromé (XIVe s.); tombe (fin XIIe s.) de Henri Courtmantel, roi d'Angleterre, inhumé dans la cathédrale en 1184; Vierge assise en bois du XIIe s., d'origine auvergnate; socle de lutrin et un tabernacle, remarquables ouvrages en bois sculpté du début du XVIe s., Vierge en pierre du XVe s., épi de toiture en faïence normande du XVIe s., boisseau étalon de la ville de Bolbec; chapiteaux du XIIe s., très curieux; poteries du moyen âge.

A l'extrémité de la galerie à dr. :

GALERIE II OU GALERIE LANGLOIS : les fenêtres sont ornées de beaux vitraux du XVIe s., provenant d'anciennes églises; médailles historiques normandes; médailles de la Révolution, de l'Empire et de la Restauration; plombs du moyen âge, insignes de pèlerinages et ex-voto; sceaux et empreintes d'époques diverses; clefs et ferrures; serrures du XIVe s au XVIIIe s.; mortier d'apothicaire, en bronze, de 1605; coffret des arbalétriers rouennais, bahuts sculptés; retables des XVe et XVIe s., peints et dorés, dont l'un, provenant de l'église de Fresquienne (près Pavilly), figure le Calvaire; coffres-forts du XVe s.; malle du XVIIe s.

GALERIE III ou GALERIE DE LA MOSAIQUE, communiquant avec la galerie Cochet, comme la salle Deville (*V.* ci-dessous) avec la galerie Langlois, par une *porte avec vantaux en fer forgé du XIVe s., provenant de la cathédrale; cheminées composées avec les charpentes des maisons de P. et Th. Corneille; vases romains; lampes, vases, sarcophages, inscriptions et sculptures antiques; monnaies; armes, poteries gauloises; **mosaïque* (Orphée charmant les animaux; aux angles, bustes des Saisons) découverte en 1838 dans la forêt de Brotonne; buste d'un Romain, en marbre; lampes funéraires; et sculptures découvertes dans les bains et théâtre romains de Lillebonne; très beau bas-relief représentant une scène dyonisiaque; deux très belles stèles funéraires à deux personnages, provenant de Lillebonne; sarcophages romains trouvés à Rouen.

SALLE IV ou SALLE DEVILLE : au milieu, dans une vitrine, avec d'admirables **statuettes de Tanagra*, statuettes en bronze gallo-romaines : *Hercule portant sa massue sur l'épaule découvert à Rouen en 1838, *Mercure assis découvert à Épinay près de Neufchâtel-en-Bray, gladiateur combattant; autres beaux bronzes romains dans la vitrine n° 7; casques, parmi lesquels un précieux casque gaulois trouvé aux environs de Falaise; objets en bronze (bijoux, colliers, clefs, etc.), céramiques et verres gallo-romains d'origine locale; « trésors » trouvés à Caudebec-lès-Elbeuf, Bosc-Normand et le Tot. Aux murs, panneaux peints, de la Renaissance, provenant d'une maison de la rue de la Grosse-Horloge. Céramique grecque et étrusque. — A côté, salle des Antiquités égyptiennes et coptes (collection G. Le Breton) : momies, statuettes, belle collection de fragments de tissus égyptiens.

Galerie V ou galerie Pottier : beaux échantillons de la sculpture sur bois normande (xvie-xviie s.), entre autres des enseignes; retable de l'église d'Ambourville (xve s.); plaques de cheminées; médaillon de P. Corneille par Jadoule (xviiie s.); armes préhistoriques et gauloises; canons en fer dont l'un remonte à la fin du xive s., les autres datant des xve et xvie s.; armes du moyen âge; porte provenant de la maison de Pierre Corneille; dans une vitrine, canne à épée avec laquelle le ministre Roland de la Platière se tua en 1793, dans le bois de Coquetot, près Rouen. Ancre romaine en fer et timon de navire du xvie s. en bois, trouvés dans la Seine.

Salle VI ou salle de la Quérière : cheminée en bois sculpté faite avec des fragments d'anciennes maisons; panneaux en bois sculpté (xvie s.) provenant de maisons de la rue de la Grosse-Horloge; trois *panneaux de la fin du xvie s. représentant l'histoire de Judith et porte du xve s. provenant de la rue Grand-Pont, bahuts et coffres de la Renaissance; dans les vitrines, collections de couverts et de bijoux normands; une belle porte en fer forgé (xvie s.) conduit dans la salle suivante.

Salle VII : en contre-bas, dans la cour, belle *mosaïque romaine provenant de Lillebonne et représentant Daphné poursuivie par Apollon; deux remarquables *statues gallo-romaines de femmes, en marbre, provenant : celle de dr. des bains de Lillebonne, celle de g. de la collection Campana. Dans la galerie, vitrines contenant des tissus français, italiens et orientaux des xve et xvie s.; des pièces de céramique italienne et hispano-mauresque; coupe en verre arabe; beaux meubles des xvie et xviie s., entre autres un cabinet Louis XII en ébène et un cartonnier du xviie s.; sur ces meubles plusieurs bassins arabes, en cuivre repoussé et incrusté, des xive, xve, et xvie s. et belles pendules du xviie s.; aux murs, beaux vêtements sacerdotaux (xvie s. ou xviie s.), entre autres une dalmatique de drap d'or donnée par Ferdinand et Isabelle à la cathédrale de Grenade; superbe *tapisserie allégorique aux armes de France (époque de Charles VIII); tapisserie du xvie s. représentant un triomphe; autre *tapisserie de 1560, provenant du château d'Anet, au chiffre de Diane de Poitiers, représentant la déesse de la chasse demandant à Jupiter de lui accorder la chasteté; tenture (pastorale allégorique) en broderie à l'aiguille, exécutée à Saint-Cyr au temps de Mme de Maintenon; chaise du xve s. dont le dossier représente la Crucifixion; près de la sortie remarquable *porte du xvie s. avec un Hercule en bas-relief.; 2 belles armoires normandes Louis XV et Louis XVI.

Galerie VIII ou galerie Billiard : émaux, étains et poteries du moyen âge; armes et armures du moyen âge; *mouvement d'horloge du xve s. (rare) provenant de l'église Saint-Vivien; sculptures de maisons du xvie s.;

cheminée du XVIe s.; gaufriers du moyen âge et du XVIIe s.; pompe à incendie du XVIIIe s.; ancien tourniquet de la Conciergerie de Rouen; bahuts Renaissance; meuble fait avec des fragments de boiseries (début du XVIe s.) provenant du palais de justice et portant un modèle (XIXe s.) de l'église Saint-Ouen.

DANS LA COUR INTÉRIEURE : sous une fenêtre romane, buste de l'abbé Cochet, par Izelin; nombreux fragments lapidaires de tout genre; curieuses latrines du XVe s. provenant d'une maison de la rue Grand-Pont. Épis de toitures en plomb; moulages de grandes statues de la cathédrale de Reims.

* * *

Le **muséum d'histoire naturelle** a été créé en 1828 par le docteur Félix Pouchet (1800-1872), naturaliste rouennais, dont le buste, par F. Devaux, orne le vestibule.

Le musée est ouvert t. l. j., de 10 h. à 17 h. l'été, à 16 h. l'hiver; gratuit les jeudis, dim. et jours fériés; les autres j., 1 fr. par pers.; fermé le lundi. Il a été l'objet de la part du Dr Pennetier, directeur de 1873 à 1923, d'un remaniement complet et d'un agrandissement considérable. Le directeur actuel est M. Robert Regnier.

1er ÉTAGE : en 1930, on y voit une exposition temporaire consacrée aux travaux de Félix Pouchet, à l'occasion du centenaire de la création du Musée. Cette exposition fera place à d'autres expositions temporaires.

2e ÉTAGE : à g. petite salle consacrée aux poissons, batraciens et reptiles; à dr., grande galerie consacrée aux mammifères; autres salles consacrées à l'ostéologie et à l'embryologie générales, à la paléontologie et à la minéralogie locales.

3e ÉTAGE : galerie d'ornithologie locale, avec, au fond, jolie reconstruction d'une basse-cour normande; les oiseaux normands ou bretons sont figurés avec leurs nids placés dans le cadre où ils ont accoutumé de le faire (marais, rochers, etc.); on voit aussi des carnassiers dans leurs terriers. D'autres salles sont consacrées aux invertébrés et aux insectes.

4e ÉTAGE : belle collection ethnographique : Inde, Chine, Océanie, Afrique, surtout de belles armes de ces deux dernières parties du monde; collection minérale et préhistorique comprenant une série chronologique pour l'étude d'ensemble de la géologie et une série géographique pour l'étude de la région rouennaise.

D'autres collections, non exposées, sont à la disposition des savants qui demandent à les consulter.

ENVIRONS DE ROUEN

L'ascension de la **colline de Bon-Secours,** est le complément indispensable de la visite de Rouen, à cause du magnifique *panorama qu'elle offre sur le cours de la Seine, sur la ville et ses monuments. L'excursion demande 1 h 30; il est préférable de la faire le matin.

La colline de Bon-Secours, dont le plateau est à 161 m. d'alt., porte la commune de *Blosseville-Bon-Secours* et se termine par un cap crayeux, dit *côte Sainte-Catherine* ou *mont Gargan* (144 m.); découpé entre la rive dr. de la Seine et le ballon de Robec et dominant à pic la ville au S.-E.

On y monte par la route (2 k. 8) ou le tram électrique (ligne du Mesnil-Esnard partant du pont Corneille). — On sort de Rouen par le quai de Paris et l'avenue Saint-Paul qui longe à g. le Champ-de-Mars, puis passe devant l'*église Saint-Paul,* moderne, de style roman; le chœur roman primitif (XIe-XIIe s.) sert de sacristie. A 200 m. plus loin, on laisse à dr. la route basse d'Eauplet et l'on prend à g. la route de Bon-Secours qui s'élève au flanc des escarpements crayeux de la côte Sainte-Catherine et domine le cours de la Seine, avec l'île Lacroix, l'île Brouilly et les deux viaducs du chemin de fer. — 1 k. 7 du pont Corneille : à g. se détache la vieille route, escarpée, qui contourne un joli vallonnement où s'étagent des villas et monte directement à Blosseville-Bon-Secours. A dr. la nouvelle route (route nat. n° 14 de Rouen à Paris), plus douce pour les voitures, continue à s'élever en corniche au-dessus de la Seine, sur un parcours de 2 k. env., avec des vues de plus en plus belles et étendues; elle passe au-dessous de la basilique et rejoint l'ancienne route sur le plateau, à l'entrée du *Mesnil-Esnard,* à 800 m. env. au delà de la basilique. Malgré sa longueur, nous recommandons ce trajet aux voitures et aux automobiles à cause de la vue. — Le tram électrique, dont le tracé est également pittoresque, s'élève entre l'ancienne et la nouvelle route, décrit un lacet et va rejoindre l'ancienne route, derrière la basilique. On descend à l'arrêt de la rue de la Mairie qui conduit à dr. à l'église (nombreux petits hôtels et restaurants).

L'*église de Bon-Secours,* due au zèle du curé Geoffroy († 1868), fut construite par Barthélemy (1840-1842). C'est un des premiers essais, et un des plus réussis, tentés au XIXe s. pour remettre en honneur le style gothique du XIIIe s. La tour est haute de 58 m. Le portail O. est décoré de sculptures par Jean Duseigneur. L'intérieur est entièrement recouvert de peintures décoratives ou allégoriques d'un grand effet. Le maître-autel en bronze doré et la chaire sont d'une exécution magnifique; le maître-autel est accompagné de belles statues, œuvre du sculpteur Fulconis. Les 58 fenêtres sont ornées de verrières dessinées par l'abbé Arthur Martin.

Le *monument de Jeanne d'Arc* (entrée, 25 c.) est à côté sur le plateau des Aigles. Il a été construit de 1890 à 1892, sur les plans de l'architecte J. Lisch, en style Renaissance. L'édicule principal, haut de 20 m., est surmonté d'une statue de St Michel, dorée, haute de 3 m.; il abrite la statue de Jeanne d'Arc, en marbre, par *Barrias* : elle est tête nue, en armure et les mains liées; des enfants portent les écussons des compagnons d'armes de l'héroïne. Sous les édicules latéraux, statues de Ste Marguerite, par Pépin, et de Ste Catherine, par Verlet. En avant, une terrasse est soutenue par un grand mur. En dessous du monument, crypte de N.-D.-des-Soldats.

Pour avoir sur Rouen la plus belle vue, il faut gagner la côte Sainte-Catherine; pour cela, revenant vers Rouen et laissant à g. la vieille route on prend une route qui suit le bord de la falaise, en contourne l'extrémité, puis descend vers la ville où l'on rentre par la rue du Mont-Gargan et la place Martainville.

Dans les environs immédiats, signalons :

Canteleu (6 k. O.), sur la route du Havre : vue admirable, l'après-midi, sur Rouen.

Le Petit-Quevilly et *Petit-Couronne* (3 k. et 9 k. S.-S.-O.) : au Petit Quevilly, église du XVe s.; chapelle de l'hospice de la fin du XIIe s. dont les voûtes conservent de belles fresques de la même époque ou du début du XIIIe s.; — à *Petit-Couronne*, on visite la **maison de Corneille**, construite en 1554, achetée par le père du poète en 1608 (intéressant musée cornélien.)

En tout temps, on fera, en une demi-journée, par le bateau qui part du pont Boïeldieu, l'excursion de la Bouille : on descend la Seine sur 18 k., dans un paysage fluvial admirable; on voit par la même occasion toutes les installations du port de Rouen (p. 35).

Quatre forêts bien conservées environnent Rouen : la forêt Verte au N., la forêt de Rouvray au S., la forêt de Roumare à l'O., la forêt de la Londe au S.-O.; la forêt de Roumare est la plus intéressante.

Une tournée de 82 k., absolument classique pour les archéologues, consiste à visiter : l'abbaye de Saint-Georges de Boscherville, l'église de Duclair, l'abbaye de Jumièges, l'abbaye de Saint-Wandrille et Caudebec.

Un circuit de 95 k. consiste à aller aux Andelys et à en revenir par Ecouis et la délicieuse forêt de Lyons.

Enfin, en été, la descente de la Seine en bateau jusqu'au Havre est une des plus belles excursions qu'on puisse faire en Europe.

Pour la description détaillée de ces excursions, *V.* le Guide Bleu : *Normandie.*

N. B. — Les astérisques (*) désignent les maisons qui nous ont été spécialement recommandées pour leur bonne tenue.

Notre plan de Rouen est divisé en carrés, repérés en marge par une lettre majuscule dans le sens vertical et par un chiffre dans le sens horizontal. D'autre part les principaux hôtels sont situés sur le plan à l'aide d'une lettre minuscule. Par conséquent, dans la liste des hôtels ci-dessous, une indication telle que : *hôtel de la Poste* (Bl. *a* B2), permet de trouver immédiatement : 1° le carré dans lequel cet hôtel est situé (à l'intersection de la colonne verticale B et de la colonne horizontale 2); 2° l'emplacement précis de l'hôtel grâce à la lettre *a*.

Gares : — RIVE DROITE DE LA SEINE : *gare Rive-Droite* ou *de la rue Verte*, la principale, buffet (État : station de la ligne de Paris au Havre); *gare du Nord* (Nord : ligne d'Amiens, par Serqueux), bd Gambetta.

RIVE GAUCHE : *gare Rive-Gauche* ou *Saint-Sever* (État : ligne de Paris), au faub. Saint-Sever (quai d'Elbeuf); *gare d'Orléans* (État : lignes de Serquigny et d'Évreux; d'Orléans par Elbeuf, Dreux et Chartres; du Mans, trains directs), au faub. Saint-Sever (place Carnot).

Ces quatre gares sont reliées entre elles par des trams; on y trouve voitures de place et taxis; pas d'omnibus.

Syndicat d'initiative : — pl. des Arts, 8 (Pl. B.-C. 3), de 8 h. à 12 h. et de 14 h. à 18 h.; renseignements gratuits :

Auto-garages : — *Auto Palace*, bd Gambetta, 1; *Autos-Renault*, r. des Charettes, 48; *Bonnaire*, r. St-Éloi, 57; *Catois*, r. du Donjon; *Lafayette*, r. Lafayette, 40; *Lesueur*, pl. des Arts; *Margris*, quai de Paris, 9; *Ménager* (Citroën), r. des Charettes, 30; *Risler*, quai de Paris, 6.

Hôtels : — GARE RIVE-DROITE : **de Dieppe*, r. Verte, 22-24, 1er ordre, renommé pour sa cuisine (50 ch.); — simples : *Victoria*, r. Verte, 10; *de l'Europe*, r. Verte, 3; *du Départ*, r. Verte, 25, etc.

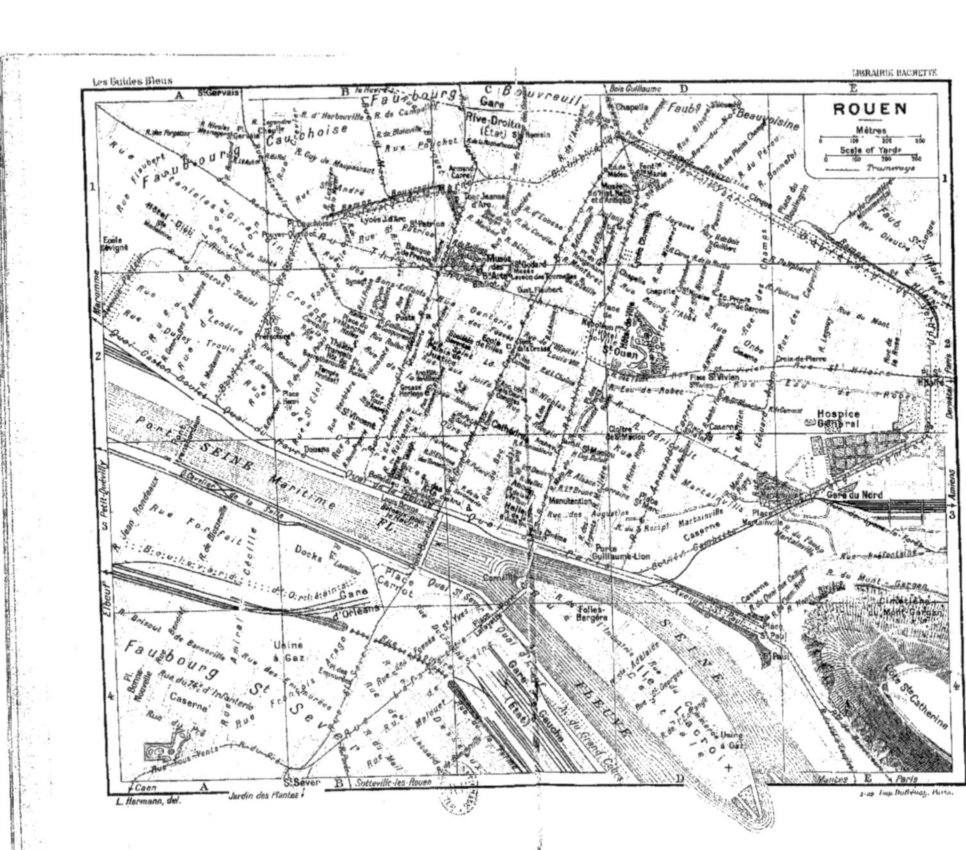
Les Guides Bleus
LIBRAIRIE HACHETTE
ROUEN
Mètres
Scale of Yards
Tramways
Faubourg Cauchoise
Faubourg Bouvreuil
Faubourg Beauvoisine
Gare Rive-Droite (État)
Hospice Général
Gare du Nord
SEINE
Seine Maritime
Gare d'Orléans
Usine à Gaz
Faubourg St Sever
Gare Rive Gauche (État)
Ile Lacroix
Jardin des Plantes
Sotteville-lès-Rouen
Caen
Mantes
Paris
Amiens
Elbeuf
Petit-Quevilly
L. Hermann, del.

Gare de l'Etat, rive gauche : *Moderne*, pl. Lafayette (40 ch. conf. mod.).

Gare d'Orléans : *Barette*, pl. Carnot, 35-37 (60 ch.; terrasse, salle de fêtes), etc.

En ville : de 1er ordre : **de la Poste* (Pl. *a* B2), r. Jeanne-d'Arc, 72 (150 ch. dont 100 avec bains); *d'Angleterre* (Pl. *b* B3), cour Boïeldieu, 6-8, sur le quai (80 ch.); *de France* (Pl. *c* C2), r. des Carmes, 103 (100 ch.).

Confortables : *de Paris* (Pl. *d* C3), quai de Paris (50 ch.); *du Nord* (Pl. *e* B2), r. de la Grosse-Horloge, 91 (75 ch.); *de la Couronne* (Pl. *f* B2), pl. du Vieux-Marché, fréquenté surtout pour sa table justement réputée (30 ch.); *Solférino*, r. Thiers, 51 (25 ch.).

Simples : *de Normandie*, r. du Bec, 9; *de Rouen et du Commerce*, id., 19; *de Lisieux*, r. de la Savonnerie; *de Bordeaux*, pl. de la République; *de l'Eden*, r. aux Ours, 71; *du Quai-de-Paris*, quai de Paris; *Jeanne d'Arc*, pl. du Vieux-Marché; *de la Vieille-Maison*, r. Saint-Romain; *du Vieux-Palais*, pl. Henri-IV; *de Bourgogne*, r. Thouret, 11-15; *du Petit-Palais-Royal*, r. de la République, 41.

Hôtels meublés: — *Normandya*, r. du Cordier, 32; *du Square*, r. du Moulinet, 9 (25 ch. conf., mod.); *de l'Univers*, r. Saint-Romain, 12; *Astoria*, r. Saint-Nicolas; *Bon-Accueil*, r. du Champ-des-Oiseaux.

Pensions de famille : — *Lemercier*, r. Beauvoisine, 107; *Morand*, r. Morand, 1; *Revel*, r. Nationale, 12; *du Château-Michelet*, r. Carnot, 22 (à Bihorel); *Le Blanc-Logis*, route de Neufchâtel, 52 (à Bihorel).

Restaurants : — 1er ordre : **de la Couronne*, pl. du Vieux-Marché; *de la Cathédrale*; **Dufour*, pl. Basse-Vieille-Tour (à la carte); *Le Relais-Fleuri* (à l'hôtel de la Poste;); *de l'Ecu de France*, pl. du Vieux-Marché (à la carte); — moyens : **de l'Opéra*, r. des Charrettes; *Omnia*, pl. de la République; *Paul* r. Grand-Pont; — simples : *Balthazar*, r. des Charrettes, 4; *de la Cour-Martin*, r. Grand-Pont; *de la Calende*, pl. de la Calende; *de Paris*, à côté de la Grosse-Horloge. — La plupart des hôtels ont une excellente table d'hôte.

Principaux cafés : — *Victor*, cours Boïeldieu (au théâtre des Arts); *de la Bourse*, cours Boïeldieu; *du Commerce*, pl. de la République; *de l'Opéra*, r. des Charrettes; *des Arts*, pl. des Arts, *de la Poste*, r. Jeanne-d'Arc.

Poste : — r. Jeanne-d'Arc, 45 (Pl. B-2); — bureaux secondaires : cours Boïeldieu, à la Bourse; pl. de l'Hôtel-de-Ville; r. Pouchet, 2, près de la gare Rive-Droite; bd des Belges, 22 *bis*; r. Armand-Carrel, 48; pl. de l'Église-Saint-Sever; — recettes auxiliaires : r. Saint-Hilaire, 101; r. Saint-Julien, 132; av. du Mont-Riboudet, 118.

Télégraphe et téléphone : cours Boïeldieu, à la Bourse, de 8 h. à 22 h.; mêmes bureaux secondaires que pour la poste.

Banques : — *Adam*, r. Jeanne d'Arc, 25; *Banque Nationale de Crédit*, 40; *Comptoir National d'Escompte*, id., 33; *Crédit Lyonnais*, id., 48; *Société Générale*, id., 34; *Crédit Rouennais*, r. Grand-Pont, 38.

Taxi-autos : — STATIONS : quai de la Bourse, pl. de l'Hôtel-de-Ville près de Saint-Ouen, pl. du Vieux-Marché, quai de Paris, pl. Verdrel.

Tramways : — 1. *Gare du Nord-Maromme.* — 2. *Hôtel-de-Ville-Darnétal.* — 3. *Hôtel-de-Ville-Gare de Sotteville.* — 4. *Jardin des Plantes-Boisguillaume.* — 5. *Bihorel-Place des Chartreux.* — 6. *Gare rue Verte-Petit-Quevilly.* — 7. *Pont Corneille-Champs-des-Oiseaux.* — 8. *Rue de Lyons-Barrière du Havre* (prolongé le dimanche jusqu'à Bapeaume). — 9. *Circulaire* : quais et boulevards. — 10. *Hôtel-de-Ville-Saint-Etienne-du-Rouvray.* — 11. *Maromme-Notre-Dame-de-Bondeville.* — 12. *Champ de Courses-Barrière Saint-Maur.* — 13. *Place Carnot-Anfreville-la-Mivoie.* — 14. *Place du Vieux-Marché-Rue de l'Ouest.* — 15. *Boulingrin-Cimetière du Nord* (le dimanche). — 16. *Pont-Corneille-Bonsecours-Mesnil-Esnard.* — 18. *Place du Vieux-Marché-Mont-Saint-Aignan.* — 20. *Place Carnot-Grand-Quevilly.*

Excursions en autocars : — organisées en été par le *Syndicat d'initiative*, pl. des Arts, et par *Cadillac Tours*, r. de la Grosse-Horloge, 91. pour Jumièges, Caudebec, les Andelys, Deauville, Dieppe, etc.

Bateaux à vapeur : — pour la Bouille, t. l'année; pour le Havre, en été.

Théâtres : — *des Arts*, quai de la Bourse (saison lyrique d'oct. à mars; tournées de passage l'été); *Français*, pl. du Vieux-Marché (opérette).

Music-halls : — *Folies-Bergères* (spectacles variés), île Lacroix.

Cinémas : — *Omnia*, pl. de la République; *Sélect*, r. de la Grosse-Horloge; *Renaissance*, r. Saint-Hilaire; *Royal-Palace*, r. de la Savonnerie; *Eden*, rue Jeanne-d'Arc, 42; *Olympia*, r. Saint-Sever, 20; *Beauvoisine*, r. Beauvoisine, 55.

Cirque : — pl. du Boulingrin.

Courses : — à l'hippodrome des Bruyères (à 2 k.), en mai, juin, juillet, et octobre.

Spécialités : — Sucre et gelée de pommes; canard à la rouennaise; sole normande; cidre bouché.

COULOMMIERS
IMPRIMERIE
PAUL BRODARD
14274-7-30.

www.ingramcontent.com/pod-product-compliance
Ingram Content Group UK Ltd.
Pitfield, Milton Keynes, MK11 3LW, UK
UKHW020935180726
13838UKWH00002B/951

9 782329 198682